Teoria Queer:
um aprendizado pelas diferenças

Teoria Queer:
um aprendizado pelas diferenças

Richard Miskolci

3ª edição
revista e ampliada
3ª reimpressão

Copyright © 2012 Programa de Educação para a Diversidade – ProEx/UFOP

COORDENADORA DA SÉRIE CADERNOS DA DIVERSIDADE
Keila Deslandes

CONSELHO EDITORIAL
Adriano Nascimento – UFMG
Carla Cabral – UFRN
Érika Lourenço – UFMG
Keila Deslandes – UFOP
Mônica Rahme – PUC Minas
Richard Miskolci – UFSCar

PROJETO GRÁFICO
Tales Leon de Marco

DIAGRAMAÇÃO, REVISÃO E PRODUÇÃO GRÁFICA
Autêntica Editora

Dados Internacionais de Catalogação na Publicação (CIP)
(Câmara Brasileira do Livro, SP, Brasil)

Miskolci, Richard
    Teoria Queer : um aprendizado pelas diferenças / Richard Miskolci. – 3. ed. rev. e ampl. ; 3. reimp. – Belo Horizonte : Autêntica : UFOP - Universidade Federal de Ouro Preto, 2021. -- (Série Cadernos da Diversidade; 6)

    Bibliografia
    ISBN 978-85-513-0189-0

    1. Controle social 2. Educação 3. Filosofia 4. Identidade de gênero 5. Identidade sexual 6. Identidade social 7. Sexo - Diferenças (Educação) 8. Teoria Queer I. Título. II. Série.

12-04100   CDD-306.43

Índices para catálogo sistemático:
1. Diferenças : Teoria Queer : Sociologia 306.43

GRUPO **AUTÊNTICA**

Belo Horizonte
Rua Carlos Turner, 420
Silveira . 31140-520
Belo Horizonte . MG
Tel.: (55 31) 3465 4500

São Paulo
Av. Paulista, 2.073, Conjunto Nacional
Horsa I . Sala 309 . Cerqueira César
01311-940 . São Paulo . SP
Tel.: (55 11) 3034 4468

www.grupoautentica.com.br
SAC: atendimentoleitor@grupoautentica.com.br

Apresentação

As reflexões contidas em *Teoria Queer: um aprendizado pelas difere*nças surgiram a partir do convite de Keila Deslandes para uma Aula Magna em um curso de Direitos Humanos da Universidade Federal de Ouro Preto. A aula foi transcrita por Moisés Mota, discutida com Larissa Pelúcio e aprimorada, graças a reflexões surgidas em uma mesa sobre direitos humanos e educação, organizada por Rossana Rocha Reis, no Instituto de Estudos Avançados da USP. Agradeço a Mota, Pelúcio e Reis e, em especial, a Deslandes pelo convite para escrever o livro que integra a coleção Cadernos da Diversidade, publicada pela Autêntica.

Voltado a um público amplo, mas com especial atenção a educadoras e educadores, a obra teve acolhida impressionante e já alcança sua terceira edição. O fato de que tenha adquirido tantos leitores em meio à campanha contra a inclusão do termo gênero no Plano Nacional de Educação – e em seus congêneres estaduais e municipais – prova a força dos estudos de gênero e sexualidade, assim como a resistência de quem luta pela expansão dos direitos humanos no Brasil.

Uma escola que não discute sexualidade e gênero em uma perspectiva de respeito às diferenças e promoção dos direitos humanos pode se tornar um espaço do medo, da discriminação e da violência. Daí esperar que esta nova edição, revista e ampliada, inspire pessoas a fazerem frente à campanha contra o que setores reacionários chamam de "ideologia de gênero" dissipando esse fantasma e a política do medo que ele instaura no cotidiano escolar.

Richard Miskolci
São Paulo, dezembro de 2017

Sumário

Introdução 9

Origens históricas da Teoria Queer 21

Estranhando a Educação 37

Um aprendizado pelas diferenças 57

Referências 71

Anexo
A guerra declarada contra o
menino afeminado – Giancarlo Cornejo 75

Introdução

Ainda recordo como, ao acordar, colocava meu uniforme e seguia para a escola. Era o final da década de 1970, e vivíamos sob a presidência do general Figueiredo, a última do regime militar. No pátio, tínhamos que formar filas: duas para cada sala de aula, uma de meninos e outra de meninas. Começavam aí as "brincadeiras", nas quais os meninos mais robustos empurravam os mais frágeis para a fila feminina, espaço desqualificado em si mesmo. Só sossegavam diante do sinal para o hasteamento da bandeira cantando o Hino Nacional. Depois entrávamos na sala, de forma ordenada, marchando feito soldados em miniatura. Por fim, levantávamos em sinal de respeito, esperando pela entrada da professora, uma senhora rabugenta e conservadora.

Na sala, as carteiras eram colocadas em ordem rígida e a ninguém era permitido trocar de lugar. A professora não titubeava em mostrar uma régua grande, feita de madeira, com a qual dizia "colocar na linha" os indisciplinados. Nunca a vi utilizar a tal régua, mas a ameaça de usá-la era suficiente para manter uma sombra temerosa sobre os estudantes, como se uma punição estivesse sempre à espera. Medo que se somava a outros, ainda maiores, como o de se tornar a vítima das brincadeiras cruéis dos meninos mais violentos, sempre à espreita para exercitarem sua "valentia" quando não havia nenhum funcionário por perto. Especialmente perigosos eram o banheiro e a saída, espaços liminares daquela ordem disciplinar baseada na ameaça constante de violência.

Tinha apenas sete anos, daí não perceber que a minha turma, a A, concentrava os estudantes mais privilegiados economicamente, e, não por acaso, era uma sala massivamente branca. A única figura não branca era a da empregada negra na cartilha, uma personagem secundária na história protagonizada por uma família branca e estereotipada cuja vida seguíamos em lições de alfabetização que se confundiam com um aprendizado de como todos deveríamos ser em um mundo ideal. Se por ideal se compreendesse casais desiguais sob o poder masculino, no qual mulheres eram restritas à casa, à família e ao cuidado, e os filhos, sempre um casal, reproduziriam, no futuro, o modelo dos pais.

A despeito de estar em uma escola pública, vivia quase ao abrigo da realidade brasileira, em um ambiente homogêneo e autoritário organizado para inculcar valores da ditadura militar instaurada pelo Golpe de 1964, o qual estudávamos como tendo sido uma "revolução". Daqueles valores, destaco o culto da ordem, da disciplina e da autoridade, frequentemente subsumidos em alguma figura masculina como a do Presidente da República, o General cujo nome estampava o cabeçalho diário de meu primeiro caderno escolar.

Sob regime ditatorial militar, vivia sob a sombra de uma ordem política e social que girava em torno de um poder eminentemente masculino. A masculinidade se confundia com a violência, em um jogo injusto e cruel para as meninas, mas também para os meninos que, como eu, não gostavam de futebol, tampouco queriam emular o comportamento dos adolescentes que, com 18 anos, adentravam na vida adulta vestidos em seus uniformes do serviço militar obrigatório. Foi nele que vi um de meus primos, antes amoroso, ser brutalizado até se tornar o que se compreendia como um homem de verdade: aquele que dominava as mulheres e desprezava "bichas".

Um "homem de verdade", hoje percebo, era o que impunha seu poder aos outros e a si mesmo à custa de sua própria afetividade. Daí meu primo, desde o uso do uniforme, ter deixado de ser carinhoso para adotar expressões de afetividade que sempre terminavam em pequenas torturas, como se um abraço ou um carinho entre homens tivesse que resultar em uma luta, um soco ou um machucado. Ele não era exceção, antes a regra em uma época em que meninos eram submetidos a uma pedagogia da masculinidade até se tornarem adultos, alguns, como ele, para sempre traumatizados pela recusa da afetividade que lhes era imposta, por uma (de)formação que os tornava incapazes de compreender as mulheres como iguais, tampouco de confiar em outros homens como confidentes de seus temores ou dores.

Como um menino que, como eu, entrou na escola incerto sobre seu lugar no mundo podia sair do segundo grau como ele? Por que eu, diferentemente, passei anos resistindo a ser como esperavam que eu fosse até deixar o secundário e encarar o alistamento militar obrigatório como um momento de terror? Nossas histórias correram paralelas, divididas por poucos anos de diferença etária, mas cindidas por um processo de abertura política que trouxe a sociedade brasileira de volta à democracia. Só pude conhecê-la no último ano do secundário, quando ocorreu a primeira eleição livre para presidente, 25 anos depois do Golpe Militar.

Marcado por um processo educacional autoritário e violento, conheço suas marcas tanto naqueles que saem como esperado quanto nos que resistem ou são expelidos. Essa memória sombria sobre minha geração me veio à mente enquanto pensava em como transformar a Aula Magna que proferi em Ouro Preto, em agosto de 2010, na abertura do curso Educação para a Diversidade e Cidadania, neste livro, que aspira ser uma breve e modesta contribuição para – quiçá – começar a transformar a realidade vivenciada por aquelas e aqueles que viveram um longo e doloroso conflito com os objetivos educacionais.

Sobreviventes das tecnologias sociais que buscam enquadrar cada um em uma identidade, adequar cada corpo a um único gênero, sabem como a educação auxilia a fazer da infância e da adolescência fases dirigidas para a construção de homens e mulheres ideais; leia-se: pessoas "normais", "corretas", como nossa sociedade nos faz crer que devemos ser. Sabem também que entre o ideal e a realidade jaz uma história invisível de violências às quais alguns sucumbem.

A maioria das crianças e adolescentes – em uma busca compreensível de aceitação e sobrevivência – aceita ou se deixa moldar pelas demandas educacionais cujo conteúdo normativo violento – mais frequentemente do que gostaríamos de constatar – não é reconhecido nem mesmo pelos educadores/as como algo a ser discutido e questionado. Trata-se de um fenômeno em que o pressuposto das boas intenções exime os meios de uma análise mais detida e questionadora. O desafio que encaro aqui é o de auxiliar a tornar visíveis essas violências, descrevê-las e analisá-las de forma a torná-las também objeto de crítica e reavaliação. Nesse sentido, encontro na Teoria Queer um conjunto de reflexões que considero salutares no desenvolvimento de um novo olhar para a educação.

O objetivo que guia esta obra é o de refletir sobre os laços profundos entre educação e normalização social, entre a escola e os interesses biopolíticos, entre o sistema educacional e a imposição de modelos de como ser homem ou mulher, masculino ou feminino, hétero ou homossexual. Refletir para questionar e propor algo distinto, não normalizador ou compulsório, um educar fincado não em modelos e conteúdos que o precedem, mas, antes na experiência mesma do aprender.

Vejo o aprendizado como algo que se constrói incessantemente em um diálogo com o que nos causa estranheza, ou seja, no contato com as diferenças. Com isso em mente, dividi o livro em três. No primeiro capítulo, buscarei apresentar um panorama de como o queer surgiu como política e virou teoria, depois buscarei esclarecer o foco dessa vertente de estudos nos regimes de normalização a partir da experiência escolar para, por fim, expor alguns dos desafios educacionais apresentados por uma perspectiva inspirada pelas diferenças.

Iniciarei com as origens históricas do queer na década de 1980, mas é importante ter em mente que ele se insere em um cenário aberto pelos novos movimentos sociais surgidos duas décadas antes, sobretudo o movimento pelos direitos civis nos Estados Unidos, o movimento feminista e o movimento homossexual. Esses movimentos que ganham força e visibilidade na época da contracultura costumam ser associados à emergência de novos sujeitos históricos que passam a demandar direitos e também a influenciar na produção do conhecimento.[1]

A partir da segunda metade da década de 1980, há um processo de reavaliação desses movimentos, seus sujeitos e demandas priorizadas. É o momento em que feministas negras, e do então chamado Terceiro Mundo, começam a criticar o caráter branco, de classe média e ocidental do feminismo anterior. Em movimento similar e articulado, o movimento homossexual e o feminista passam a ser questionados por aqueles que viriam a ser conhecidos como queer.

O segundo capítulo será sobre o que seria a incorporação de uma perspectiva não normativa na educação. Claro que a Teoria Queer vai ser ressignificada na realidade brasileira, vai ser transformada e poderá virar outra coisa, mas me parece profícuo tentar refletir, mesmo que preliminarmente, sobre quais as propostas iniciais do queer e como ele está florescendo no Brasil. O que vejo nas iniciativas, lendo os livros produzidos, participando de eventos, é que, muito frequentemente, as pessoas tomam o queer como sinônimo de questões de homossexualidade enquanto a proposta queer pode ser vista como mais complexa e ampla do que isso. Tentarei discutir também sobre como está ocorrendo essa incorporação teórica e prática, cotejando com essa proposta de ir além da

---

[1] Sobre a emergência desses novos movimentos sociais e seu impacto na produção acadêmica, consulte o livro de Miriam Adelman intitulado *A voz e a escuta: encontros e desencontros entre a teoria feminista e a sociologia contemporânea* (2009), em especial os dois primeiros capítulos, que lidam com a nova esquerda, a contracultura e a gênese de novas perspectivas teóricas.

sexualidade ou da ideia de que apenas mencionar ou trazer para a discussão a respeitabilidade e o direito ao reconhecimento das pessoas LGBT seria queer.

Nesse segundo capítulo, espero apresentar como podemos questionar o suposto olhar neutro no qual se baseou a educação até hoje como sendo uma perspectiva heterossexual. Infelizmente, todo mundo é formado para acreditar que aprende a ser professora ou ser professor, a educar, de forma neutra. Como se fosse possível entrar na sala de aula deixando do lado de fora toda a nossa história de socialização. Isso é impossível porque todos/as trazemos uma bagagem cultural para nossas atividades profissionais, mas, sobretudo, porque educar nada tem de neutro, seus métodos e seus conteúdos têm objetivos interessados. Entre eles, destacarei aqui como essa ilusão de neutralidade era, no fundo, cúmplice de um dos pressupostos fundamentais da vida social contemporânea, que é o de que todos são heterossexuais até prova em contrário. Essa suposta neutralidade da formação dos professores e da própria estrutura da escola fazia dela uma das principais ferramentas para a construção da heterossexualidade não como opção, mas sim como algo compulsório.

A pensadora feminista Adrienne Rich afirmou, em um famoso artigo do início da década de 1980, que nossa sociedade se assenta no que denominou de heterossexualidade compulsória.[2] Fala-se tanto de orientação sexual, opção sexual, mas ninguém ainda pensa na heterossexualidade como algo opcional. O queer traz esse tipo de provocação. Daí, nesse segundo capítulo, eu procurarei refletir sobre um dos focos da Teoria Queer: a heteronormatividade.

---

[2] Refiro-me aqui ao seu artigo Compulsory Heterosexuality and Lesbian Experience (A Heterossexualidade Compulsória e a Experiência Lésbica), publicado no início da década de 1980 e reconhecido por muitos/as como a primeira discussão a explicitar a heterossexualidade não como algo natural, mas, antes, o resultado de um conjunto de práticas sociais que a impõem como a forma "correta" de se relacionar amorosa e sexualmente.

A heteronormatividade seria a ordem sexual do presente, na qual todo mundo é criado para ser heterossexual, ou – mesmo que não venha a se relacionar com pessoas do sexo oposto – para que adote o modelo da heterossexualidade em sua vida. Gays e lésbicas normalizados, que aderem a um padrão heterossexual, também podem ser agentes da heteronormatividade. Não por acaso, violências atualmente chamadas de homofobia não se dirigem igualmente a todos/as os/a homossexuais, mas, antes, muito mais frequentemente a quem não segue esse padrão. Nesse sentido, quer sejam heterossexuais ou homossexuais, todos podem ser normalizados e preconceituosos com o Outro, aquele que vive, se comporta ou pensa diferentemente. Muitos homossexuais também normalizados ajudam na estigmatização e na percepção negativa daqueles que não cabem na heteronormatividade. Prometo explicar isso mais detalhadamente no segundo capítulo.

Nesse capítulo tocarei também na questão das diferenças e da diversidade. Tentarei problematizar um pouco a tendência a misturar essas duas perspectivas em nosso país. O termo "diversidade" já se arraigou na sociedade brasileira. Quase todos os programas governamentais e *slogans* dos movimentos sociais vêm com esse termo, mas o que buscamos expressar usando a palavra "diversidade" pode ser repensado e adquirir outro significado, inclusive o de lidar com as diferenças. O termo "diversidade" é ligado à ideia de tolerância ou de convivência, e o termo "diferença" é mais ligado à ideia do reconhecimento como transformação social, transformação das relações de poder, do lugar que o Outro ocupa nelas.[3]

Quando você lida com o diferente, você também se transforma, se coloca em questão. Diversidade é "cada um no seu

---

[3] Em artigo esclarecedor intitulado "A diferença e a diversidade na educação", Abramowicz, Rodrigues e Cruz afirmam: "As políticas sociais e educacionais do Brasil exaltam a nossa 'diversidade criadora', ao mesmo tempo em que há um silenciamento das diferenças no campo da educação e isto tem significado a construção da heteronormatividade como norma e normalidade e a estética branca como modelo do belo" (2011, p. 93).

quadrado", uma perspectiva que compreende o Outro como incomensuravelmente distinto de nós e com o qual podemos conviver, mas sem nos misturarmos a ele. Na perspectiva da diferença, estamos todos implicados/as na criação desse Outro, e quanto mais nos relacionamos com ele, o reconhecemos como parte de nós mesmos, não apenas o toleramos, mas dialogamos com ele sabendo que essa relação nos transformará.

O último capítulo será uma breve reflexão sobre possibilidades diversas das ainda existentes e predominantes de educar. De uma forma muito simplificada, eu diria, a partir do pensamento do filósofo francês Michel Foucault, que o dispositivo de sexualidade precisa ser compreendido e enfrentado. "Dispositivo" é um termo que se refere ao conjunto de discursos e práticas sociais que criam uma problemática social, uma pauta para políticas governamentais, discussões teóricas e até mesmo embates morais. A sexualidade é um desses dispositivos históricos, e surgiu, aos poucos, a partir do século XVII, até adquirir os contornos presentes, que fazem com que as pessoas se compreendam a partir de sua sexualidade. Felizmente, esse reducionismo não pode mais ser aceito sem resistência.[4]

A sexualidade, compreendida como um aparato, permitiu que o Estado e as instituições nos controlassem por meio daquilo que Foucault denominou "pedagogização do sexo". Ou seja, um dos grandes investimentos biopolíticos do Estado sempre foi na educação, e a proposta queer é de justamente superar a pedagogização do sexo e transformar a posição da educação não mais como subserviente aos interesses estatais e biopolíticos, mas muito mais comprometida com as demandas da sociedade civil, organizada ou não.[5]

---

[4] Sobre a sexualidade como um dispositivo histórico do poder, consulte a *História da sexualidade I: a vontade de saber,* de Michel Foucault. Desenvolvi uma reflexão didática desse dispositivo no capítulo "Sexualidade e orientação sexual" do livro *Marcas da diferença no ensino escolar* (2010).

[5] Biopolítica é a forma que o poder adquire na sociedade burguesa, ou seja, após a queda do velho regime e da ascensão da moderna sociedade urbana e industrial.

Uma perspectiva queer exigiria repensar a educação a partir das experiências que foram historicamente subalternizadas, até mesmo ignoradas, mas que podem ajudar a repensar nossa sociedade, buscar superar injustiças e desigualdades. É um desafio, mas também algo muito promissor e que pode auxiliar na transformação social. Para que seja possível, é necessário superar o binário hetero-homo, a ideia poderosa e altamente contestável de que a sociedade se divide apenas em heterossexuais e homossexuais. É importante também ir além das meras tentativas de proteger aqueles que o movimento social chama de pessoas LGBT (lésbicas, gays, bissexuais, travestis e transexuais), um termo que não dá conta do grande espectro de gente que não se enquadra no modelo heterossexual e que não cabe em nenhuma dessas letras.

Considero que seria mais promissor tirar a própria heterossexualidade da sua zona de conforto, trazer ao discurso suas normas e a hegemonia cultural centrada nela, de forma a questionar até mesmo o que seria o normal. Nessa perspectiva queer, a ideia seria trazer ao discurso as experiências do estigma e da humilhação social daquelas pessoas que são frequentemente xingadas, humilhadas por causa da sua não normatividade de gênero. Isso tudo com o objetivo de modificar os aspectos da educação que ainda impõem, compulsoriamente, as identidades.

Em 2009, como coordenador do curso Gênero e Diversidade na Escola da UFSCar, eu via um grande interesse, em todo o Brasil, por esses temas que pincelei aqui. O curso de lá foi para vários Estados, e era perceptível em São Paulo, no interior do Mato Grosso, no extremo sul do país, no interior da Bahia, uma preocupação e um interesse extremamente louváveis de educadoras em querer entender com quem estavam lidando na sala de aula. Mas esse "incômodo" com as

---

O caráter bio da política reside na centralidade dos corpos e das populações na organização dos Estados, suas instituições, como a medicina social, e a educação.

ferramentas educacionais incapazes de fazer frente à realidade de pessoas fora da norma, essa vontade de acolhê-las ao invés de julgá-las, frequentemente se expressa em questões como: Como chamo tal pessoa? O que é tal aluno? Ele é travesti? Ele é transexual? E foi um desafio lidar com essas questões, foi muito difícil explicar que era justamente isso que a gente não queria, não queríamos embarcar no processo de criar um escaninho das espécies sexuais alocando cada uma em uma caixa ou identidade. Evitar esse tipo de abordagem classificatória é uma forma de realmente transformar a experiência educacional.

A esfera da educação não precisa, e, na minha opinião, nem deve, seguir essa lógica que busca trocar a formação heterossexista existente por outra simplesmente binária, como a que opõe homem e mulher, masculino e feminino, hétero e homo. Ou, ainda, por outra circunscrita aos termos de uma sigla (LGBT), um número limitado de formas de identificação. Em outras palavras, pouco adianta apenas trocar os sinais: se antes se educava todo mundo para a heterossexualidade, punindo ou ignorando quem não a seguisse, passar a educar para o binário, para ser hétero ou homo. Além de manter o impulso normalizador, apenas ampliando o número de possibilidades para um conjunto restrito de identidades disponíveis no presente, essa forma de educar passa a exercer ainda mais pressão social sobre crianças ou adolescentes, pessoas em formação, para que se definam logo e adotem uma identidade. Essa forma de pressão é, em si mesma, uma violência que podemos evitar.

Na perspectiva queer, as identidades socialmente prescritas são uma forma de disciplinamento social, de controle, de normalização. Como mostra minha experiência pessoal durante a ditadura militar, a escola tenta, pelos mais diversos meios pedagógicos, criar meninos masculinos e meninas femininas. Portanto, o ensino escolar participa e é um dos principais instrumentos de normalização, uma verdadeira tecnologia de criar pessoas "normais", leia-se, disciplinadas, controladas e compulsoriamente levadas a serem como a sociedade as quer. Em outras palavras, a escola pune e persegue aqueles e aquelas que escapam ao controle, marca-os como estranhos, "anormais", indesejáveis.

Além do violento processo acima descrito, a normalização identitária tem outro déficit: o fato de que se funda em modelos a-históricos e fixos de como as pessoas são ou deveriam ser. Mas nenhuma identidade é fixa, e, durante a vida, as pessoas realmente mudam. Constatações como essas são amplamente corroboradas por estudos sociológicos e antropológicos, os quais, especialmente quando analisam questões de gênero e sexualidade, mostram uma instabilidade crescente na forma como as pessoas se compreendem e se relacionam na sociedade contemporânea.[6] Disso resulta um desafio extra, o de tentar superar a ideia de uma educação sexual pensada como orientação, que acabava resultando em uma normalização das identidades e das práticas. Orientar frequentemente se confunde com direcionar o desejo, induzi-lo e, talvez, até mesmo criá-lo segundo os interesses de uma época e sociedade.[7]

Além disso, esse tipo de educação sexual baseada no intuito de orientar sexualmente acaba também gerando a tendência a reforçar o pressuposto de que falar de sexualidade é falar do biológico ou de prevenção de doenças sexualmente transmissíveis. A proposta queer é pensar a sexualidade e outras diferenças, como culturais e políticas, como parte da vida cotidiana, e não afetando as pessoas apenas como assunto de saúde pública.

---

[6] Sobre essa instabilidade das identidades e práticas sexuais, consultar Pelúcio (2009), Duque (2011), e Leite Júnior (2011).
[7] Sobre a questão, consultar meu livro *O desejo da nação: masculinidade e branquitude no Brasil de fins do XIX* (2012), um estudo histórico e sociológico sobre as relações entre o desejo e os interesses políticos a partir da análise de três romances: *O ateneu*, *Bom crioulo* e *Dom Casmurro*.

De uma forma geral, o queer se associa a um certo movimento contemporâneo na área de educação que busca repensar a sua forma de atuar e o seu papel social. O queer se alinha a uma questão que passou a ocupar a mente de educadores e educadoras: como transformar a educação escolar, algo que já foi um dos aparatos estatais de controle do disciplinamento das pessoas, em algo mais sintonizado com a sociedade civil, com as demandas de reavaliação não só dos meios de educar, mas também dos seus objetivos? Uma questão que se desdobra em muitas outras, como: A gente vai educar para quê? Qual forma de educar pode transformar as normas e convenções culturais, flexibilizá-las ao invés de impô-las ferreamente e às custas da humilhação de alguns ou do sofrimento de todos/as?

Capítulo I
Origens históricas da Teoria Queer

O que hoje chamamos de queer, em termos tanto políticos quanto teóricos, surgiu como um impulso crítico em relação à ordem sexual contemporânea, possivelmente associado à contracultura e às demandas daqueles que, na década de 1960, eram chamados de novos movimentos sociais.

Os três principais "novos" movimentos sociais foram o movimento pelos direitos civis da população negra no Sul dos Estados Unidos, o movimento feminista da chamada segunda onda e o então chamado movimento homossexual. Eles são chamados de novos movimentos sociais porque teriam surgido depois do conhecido movimento operário ou trabalhador, e porque trouxeram ao espaço público demandas que iam além das de redistribuição econômica. Na verdade, essa classificação foi feita *a posteriori,* tentando superar, com sucesso apenas parcial, uma perspectiva "economicista" que deixou de reconhecer a importância do feminismo desde sua primeira onda, na qual se constitui como movimento social muito antes, já em sua luta pelo direito ao voto e à educação para as mulheres ainda no século XIX. A visão de que esses movimentos eram "novos" também trai um olhar "eurocêntrico", pois atribui caráter de vanguarda apenas ao movimento operário das sociedades industriais do Ocidente, ignorando o movimento abolicionista que lutou pela libertação dos escravos um século antes, sobretudo em países como o Brasil e os Estados Unidos.

O que havia de novo nos movimentos sociais da década de 1960 era uma maior participação de camadas de classe média e até populares em lutas já existentes, mas que passaram a adotar um novo repertório de demandas em um cenário político em que as instituições tradicionais como o Estado e os partidos passavam a ver questionada sua representatividade e/ou autoridade. De forma geral, esses movimentos afirmavam que o privado era político e que a desigualdade ia além do econômico. Alguns, mais ousados e de forma vanguardista, também começaram a apontar que o corpo, o desejo e a sexualidade, tópicos antes ignorados, eram alvo e veículo pelo qual se expressavam relações de poder. A luta feminista pela contracepção sob o controle das próprias mulheres, dos negros contra os saberes e práticas racializadores e dos homossexuais contra o aparato médico-legal que os classificava como perigo social e psiquiátrico tinham em comum demandas que colocavam em xeque padrões morais. Assim, em termos políticos, o queer começa a surgir nesse espírito iconoclasta de alguns membros dos movimentos sociais expresso na luta por desvincular a sexualidade da reprodução, ressaltando a importância do prazer e a ampliação das possibilidades relacionais.

Intelectualmente, esse impulso crítico inicial originou obras acadêmicas dispersas em vários países, como o Brasil, a França e os Estados Unidos. Dentre os precursores da Teoria Queer, é importante citar Guy Hocquenghem, pensador francês que, no início dos anos 1970, publicou *Le désir homossexuel* (O desejo homossexual), um livro sobre o papel do medo da homossexualidade na definição da ordem político-social do presente e alguns artigos da antropóloga feminista Gayle Rubin, em especial seu ensaio *Thinking Sex* (Pensando sobre Sexo, 1984).[8]

Apesar dessa origem dispersa, e ainda pouco explorada, a política e a Teoria Queer como a conhecemos hoje se cristaliza historicamente na segunda metade da década de 1980, nos Estados Unidos, quando o surgimento da epidemia de aids gerou um dos maiores pânicos sexuais de todos

---

[8] Infelizmente, não há ainda uma tradução para o português do livro de Hocquenghem, e o artigo de Rubin circula há ao menos duas décadas em traduções não autorizadas pela autora, de modo que apenas a obra de Perlongher está disponível na íntegra.

os tempos, associado, no caso norte-americano, a uma recusa estatal em reconhecer a emergência de saúde pública. Ao contrário do Brasil, em que o enfrentamento da epidemia aproximou Estado e movimento social em meio ao processo de redemocratização vivido depois de 20 anos de governo militar, lá nos Estados Unidos houve um verdadeiro choque entre as demandas sociais e a recusa do governo conservador de Ronald Reagan em adotar quaisquer medidas.

A epidemia é tanto um fato biológico como uma construção social. A aids foi construída culturalmente e houve uma decisão de delimitá-la como DST. Uma epidemia que surge a partir de um vírus, que poderia ter sido pensada como a hepatite B, ou seja, uma doença viral, acabou sendo compreendida como uma doença sexualmente transmissível, quase como um castigo para aqueles que não seguiam a ordem sexual tradicional.[9] Então, a aids foi um choque, e da forma como foi compreendida tornou-se uma resposta conservadora à Revolução Sexual, a qual, no Brasil, foi vivenciada pela então conhecida "geração do desbunde". No mundo todo, essa reação teve consequências políticas jamais superadas e também na forma como as pessoas aprenderam sobre si próprias, sobre a sexualidade, e na maneira como vivenciam seus afetos e suas vidas sexuais até hoje.

Mas, nos Estados Unidos, o que se passou? A epidemia de aids mostrou que, na primeira oportunidade, os valores conservadores e os grupos sociais interessados em manter as tradições se voltaram contra as vanguardas sociais. Daí parte do movimento gay e lésbico ter se tornado muito mais radical do que o anterior, criticando os próprios fundamentos de sua luta política. A aids, portanto, foi um catalizador biopolítico que gerou formas de resistência mais astutas e radicais, materializadas no ACT UP, uma coalizão ligada à questão da aids

---

[9] Sobre esta questão, consultar meu artigo em coautoria com Larissa Pelúcio, "A prevenção do desvio: o dispositivo da aids e a repatologização das sexualidades dissidentes" (2009), disponível *online* na revista *Sexualidad, Salud y Sociedade*.

pra atacar o poder, e no Queer Nation, de onde vem a palavra queer, a nação anormal, a nação esquisita, a nação bicha.

Vale lembrar que queer é um xingamento, é um palavrão em inglês. Em português, dá a impressão de algo inteiramente respeitável, mas é importante compreender que realmente é um palavrão, um xingamento, uma injúria. A ideia por trás do *Queer Nation* era a de que parte da nação foi rejeitada, foi humilhada, considerara abjeta, motivo de desprezo e nojo, medo de contaminação. É assim que surge o queer, como reação e resistência a um novo momento biopolítico instaurado pela aids.

Alguém atento percebe como a problemática queer não é exatamente a da homossexualidade, mas a da abjeção. Esse termo, "abjeção", se refere ao espaço a que a coletividade costuma relegar aqueles e aquelas que considera uma ameaça ao seu bom funcionamento, à ordem social e política. Segundo Julia Kristeva, o abjeto não é simplesmente o que ameaça a saúde coletiva ou a visão de pureza que delineia o social, mas, antes, o que perturba a identidade, o sistema, a ordem (1982, p. 4). A abjeção, em termos sociais, constitui a experiência de ser temido e recusado com repugnância, pois sua própria existência ameaça uma visão homogênea e estável do que é a comunidade. O "aidético", identidade do doente de aids na década de 1980, encarnava esse fantasma ameaçador contra o qual a coletividade expunha seu código moral.

Se o movimento gay e lésbico tradicional tinha como preocupação mostrar que homossexuais eram pessoas normais e respeitáveis, o movimento queer vem para dizer: "olha, mesmo os gays e as lésbicas respeitáveis em certos momentos históricos serão atacados e novamente transformados em abjetos". A maior parte das pessoas, sobretudo as que estavam com o HIV, não faziam parte desse grupo pelo qual o movimento homossexual forjado na década de 1960 lutava. Em sua maior parte, o movimento homossexual emerge marcado por valores de uma classe-média letrada e branca, ávida por aceitação e até mesmo incorporação social. Algo muito diverso se passa quando surgem movimentos queer, se pautarão menos pela demanda de aceitação ou incorporação coletiva e focarão mais na crítica às exigências sociais, aos valores, às convenções culturais como forças autoritárias e preconceituosas.

Enquanto o movimento homossexual apontava para adaptar os homossexuais às demandas sociais, para incorporá-los socialmente, os queer preferiram enfrentar o desafio de mudar a sociedade de forma que ela lhes seja aceitável. Enquanto o movimento mais antigo defendia a homossexualidade aceitando os valores hegemônicos, os queer criticam esses valores, mostrando como eles engendram as experiências da abjeção, da vergonha, do estigma.

Em resumo, o antigo movimento homossexual denunciava a heterossexualidade como sendo compulsória, o que podia ser também compreendido como uma defesa da homossexualidade. O novo movimento queer voltava sua crítica à emergente heteronormatividade, dentro da qual até gays e lésbicas normalizados são aceitos, enquanto a linha vermelha da rejeição social é pressionada contra outr@s, aquelas e aqueles considerados anormais ou estranhos por deslocarem o gênero ou não enquadrarem suas vidas amorosas e sexuais no modelo heterorreprodutivo. O queer, portanto, não é uma defesa da homossexualidade, é a recusa dos valores morais violentos que instituem e fazem valer a linha da abjeção, essa fronteira rígida entre os que são socialmente aceitos e os que são relegados à humilhação e ao desprezo coletivo.

Em 1993, essa virada queer se torna perceptível, quando a Parada do Orgulho Gay de São Francisco, umas das principais nos Estados Unidos, adota o queer como tema.[10] Percebe-se o potencial desestabilizador do sentido político não só do movimento LGBT, mas de todos os movimentos sociais constituídos a partir de identidades, quer fossem os LGBT, negros ou

---

[10] Este fato foi bem analisado pelo sociólogo Joshua Gamson em seu artigo "Os movimentos identitários devem se auto destruir? Um estranho dilema".

feministas. Fica mais visível como o queer vai se contrapor às concepções que haviam marcado a ascensão dos novos movimentos sociais da década de 1960. A começar pelo movimento homossexual e sua bandeira do "orgulho gay", uma palavra de ordem com origem em uma classe média branca letrada que, provavelmente de forma inconsciente, parecia tentar criar uma imagem limpa e aceitável da homossexualidade.[11]

O contexto norte-americano, percebe-se, era muito pior do que o nosso, e foi em reação à falta de ação coletiva em meio à crise da aids que emergiu a radicalidade política queer. Assim, vai se constituir cada vez mais ligada às problemáticas da vergonha, do estigma e da descriminação, e menos com relação às demandas de assimilação identitária de gays e lésbicas. Muito da atração que o queer tem, inclusive na sociedade brasileira, deriva do fato de que não são apenas homossexuais que se sentem em contradição com as normas, afinal, há muito mais pessoas em desacordo com as convenções culturais, com as obrigações que nos são impostas em termos de comportamento.

O queer busca tornar visíveis as injustiças e violências implicadas na disseminação e na demanda do cumprimento das normas e das conversões culturais, violências e injustiças envolvidas tanto na criação dos "normais" quanto dos "anormais". Quer alguém seja completamente ajustado e reconhecido socialmente, quer seja alguém marcado, humilhado, as normas e convenções operaram sobre os dois e ambos são capazes de reconhecê-las. Claro que os humilhados e ofendidos, os relegados à vergonha e à abjeção, sofrem mais e são os que denominamos esquisitos, mas não é tão raro, em nossos dias, encontrar pessoas que mesmo dentro dos modelos socialmente

---

[11] O *slogan* gay do "orgulho" mal encobre seu par necessário, a vergonha. Trata-se de uma gramática moral conformista em que as experiências do estigma e da abjeção são ignoradas, mesmo porque atingem os mais pobres, os que deslocam os gêneros, os que não constituem família. Assim, as demandas gays revelam seu enquadramento de classe alta e branca. Sobre estes aspectos, consultar Warner (1999).

impostos reconheçam seu caráter compulsório, violento e injusto. De forma muito esquemática, mas, espero, esclarecedora, essa reflexão busca distinguir o espírito político queer da mera luta pró-homossexualidade:

	Homossexual	Queer
Regime de verdade	Binário hetero-homo	Normal-anormal
Luta política	Defesa da homossexualidade	Crítica aos regimes de normalização
Perspectiva	Diversidade	Diferença
Concepção de poder	Repressora	Disciplinar/controle

Segundo a filósofa norte-americana Judith Butler, o queer é uma nova política de gênero. Alguns tendem a ver essa realidade nos movimentos na entrada progressiva de travestis, transexuais, não brancos, todos os outros que antes não eram vistos como suficientemente dignos de participar da luta. No entanto, um olhar mais atento reconhecerá que a lógica identitária anterior é a que rege essa entrada e pluralização dos sujeitos dos movimentos sociais, e não uma revisão de sua forma de atuação. A nova política de gênero – que também pode ser chamada de queer – se materializa no questionamento das demandas feitas a partir dos sujeitos; em outras palavras, chama a atenção para as normas que os criam. Essa mudança de eixo na luta política se fundamenta em duas concepções distintas com relação à dinâmica das relações de poder: uma que as compreende a partir da visão do poder como algo que opera pela repressão, e outra que o concebe como mecanismos sociais disciplinadores. Na perspectiva do poder opressor, os sujeitos lutam contra o poder por liberdade, enquanto na do poder disciplinar, a luta é por desconstruir as normas e as convenções culturais que nos constituem como sujeitos.

Michel Foucault é o responsável por essa mudança de eixo nas reflexões sobre o poder. Em *Vigiar e punir*, o filósofo explica cuidadosamente como a concepção do poder como localizável e repressor não dá conta da realidade histórica contemporânea, na qual o poder está em toda parte e opera também por meio da incitação dos sujeitos a agirem de acordo com os interesses hegemônicos. Nessa perspectiva, o poder deixa de ser algo facilmente associado a alguém ou a uma instituição, o rei ou a presidência, por exemplo, e passa a ser visto como uma situação estratégica em uma dada sociedade em certa época. Passamos, portanto, de uma teoria do poder para o desafio de lidar com ele como relacional, histórico e culturalmente variável, ou seja, por meio de uma analítica.[12]

A maior parte do movimento feminista e do movimento homossexual das décadas de 1960 e 1970 era liberacionista, ou seja, via mulheres e homossexuais como sujeitos oprimidos que deveriam lutar pela liberdade. Eram movimentos que concebiam o poder como repressivo e operando de cima para baixo, por exemplo, pelas elites dominantes contra o povo. A despeito das demandas inovadoras de reconhecimento das diferenças, operavam com a inspiração teórica marxista que marcara o antigo movimento operário. De forma muito simplificada, era como se a luta de trabalhadores contra o capital estivesse sendo apenas adaptada a um contexto em que novos sujeitos lutavam contra outras formas de opressão. A partir do final da década de 1980, com a disseminação do conceito de gênero e a incorporação das ideias de Foucault sobre uma analítica do poder, a nova política de gênero começa a modificar essa forma de conceber a luta política e a apontar como é a cultura e suas normas que nos criam como sujeitos.

A mudança de foco dos sujeitos para a cultura gerou reações. Muitos diziam que o conceito de gênero despolitizaria os

---

[12] A ideia de uma analítica do poder deriva de sua compreensão como uma situação estratégica em uma certa época e sociedade. Assim, o poder não é localizável em uma instituição ou posse de alguém, sendo antes, reconhecível em sua dinâmica sempre variável em termos históricos e culturais. Sobre essa transformação na forma de compreender as relações de poder consulte também a excelente introdução de Roberto Machado ao citado livro de Foucault.

movimentos e que não seria possível fazer política sem partir dos sujeitos concretos, no caso do movimento feminista, as mulheres. A história provou o contrário. Na nova política de gênero, seja lá nos Estados Unidos, quer seja aqui no Brasil, ganharam espaço problemáticas trazidas por trabalhadores do sexo, transexuais, travestis e mesmo por pessoas que às vezes estão dentro de relações com pessoas do sexo oposto, que poderiam ser vistas como pessoas modelares socialmente, mas que não acreditam nessas normas e acham que é uma violência que elas, as normas, sejam impostas.

A realidade social contemporânea nos convida a encarar a própria heterossexualidade em seu caráter plural já que há muitas formas de vivê-la e compreendê-la. Há práticas e concepções muito diferentes sob o termo guarda-chuva "heterossexualidade", o qual vai muito além apenas dos casais de sexo oposto oficialmente casados e com filhos vivendo sob o mesmo teto. Em outras palavras, existem heterossexualidades em formas diversas envolvendo casais sem filhos, não casados oficialmente, vivendo em casas diferentes, formando arranjos familiares diversos depois de uniões anteriores, entre pessoas de gerações e/ou faixa etária distinta, diferentes origens raciais, étnicas, culturais ou religiosas, etc. Essa miríade de tipos de heterossexualidade não cabe na imagem padrão que discursos conservadores evocam ou buscam impor quando afirmam defender a família. As heterossexualidades atuais são muito mais próximas da diversidade sexual, das diferenças e podem até constituir o que os gringos chamam de "hetero-queer".

Os hetero-queer são muito numerosos, politicamente engajados com as pessoas que sofrem estigma e são relegadas à abjeção. Em comum, essa nova onda dos movimentos sociais problematiza a cultura e a imposição social de normas e convenções culturais que, de forma astuciosa e frequentemente invisível, nos formam como sujeitos, ou melhor, nos assujeitam.

Mas, afinal, o que aconteceu para que a nova política de gênero originasse uma corrente teórica? Para compreender isso, é necessário recapitular a forma como as transformações políticas e culturais da década de 1960 repercutiram na produção do conhecimento. Esse cenário foi fundamental no que toca às reflexões sobre a sexualidade como algo que é construído socialmente, e não algo meramente biológico. Até por volta da década de 1960, tomava-se a sexualidade como uma área da vida humana que era explicada pela Biologia, pela Medicina, na melhor das hipóteses pela Psicanálise, até que, em 1968, há a publicação, na Inglaterra, do artigo "The Homossexual Role" (O papel homossexual), escrito pela socióloga Mary McIntosh. Esse é o primeiro texto que vai dizer claramente que a homossexualidade é algo socialmente forjado.

Não por acaso, o artigo de McIntosh foi publicado no paradigmático ano das transformações estudantis na França, no Brasil, no México, nos Estados Unidos. Já na década de 1970, há um florescimento dos estudos gays e lésbicos com obras de pesquisadores/as como o sociólogo britânico Jeffrey Weeks. No Brasil, o primeiro estudo sociológico sobre homossexualidade, orientado por Florestan Fernandes, surgiu no final da década de 1950 e foi publicado por José Fábio Barbosa da Silva como "Aspectos sociológicos no homossexualismo em São Paulo" (1959), em uma revista da Escola de Sociologia e Política. Infelizmente, a pesquisa não teve repercussão, e o autor se mudou para os Estados Unidos. Apenas na década de 1970, o tema reemerge em outra chave, em *O estigma do passivo sexual* (1979), de Michel Misse. A partir do início da década de 1980, surge uma nova onda de pesquisas, como as de Peter Fry, Edward MacRae, Luiz Mott, Carmen Dora Guimarães, entre outros. Segundo Maria Filomena Gregori (2010, p. 22-23), o que passou a caracterizar a área de estudos de sexualidade em nosso país foi a documentação e a análise de um repertório de práticas socioculturais que contestam categorias como essência ou natureza humana, particularmente por meio da inserção da sexualidade e do desejo na esfera do cultural e do histórico.

Nas décadas de 1970 e 1980, no Brasil e no exterior, a maioria dos estudos focaram em gays e lésbicas e tenderam, mesmo sem essa intenção, a corroborar a impressão de que a maioria das pessoas eram heterossexuais e que a homossexualidade era algo restrito a uma minoria diferente que a sociedade precisava aprender a conhecer e respeitar. Em outras palavras, os estudos sobre homossexualidade eram pesquisas sobre minorias sexuais, algo extremamente importante em uma época que ignorava ou desqualificava formas de vivência sexual não hegemônicas, mas que ainda questionavam apenas de forma parcial a hegemonia hétero como cultural e política.

Os estudos queer vêm modificar isso. Já em meados da década de 1980, nos Estados Unidos, Eve Kosofsky Sedgwick desenvolveu uma análise das interdependências entre a hetero e a homossexualidade em *Between Men* (1985), um livro que analisa os triângulos amorosos em romances do século XIX de forma a compreender como se criou historicamente tanto o que, décadas mais tarde, passaria a ser chamado de homossexualidade quanto a própria heterossexualidade. No Brasil, Néstor Perlongher fez algo similar em *O negócio do michê: a prostituição viril em São Paulo* (1986; 2008), obra em que a michetagem serve como ponto de observação privilegiado para repensar a esfera do desejo e da sexualidade como um todo. Em *O que é aids* (1987), o pesquisador argentino-brasileiro foi ainda mais longe no diagnóstico de que a homossexualidade era um fantasma a partir do qual a heterossexualidade havia sido naturalizada e instituída culturalmente, o que a epidemia de aids vinha reforçar.

Apesar de lidarem com objetos muito distintos histórica e socialmente, os livros citados marcaram uma inflexão nos estudos sobre sexualidade. No entanto, devido a especificidades históricas e de dinâmicas acadêmicas diferentes, a obra de Sedgwick teve mais impacto nos Estados Unidos do que a de Perlongher no Brasil. Além disso, a centralidade da produção acadêmica americana, ou seja, seu poder de influência mundial, gerou a versão ainda corrente – mas altamente contestável – de que a Teoria

Queer surgiu apenas lá e teve como data de nascimento 1990, ano em que foram lançados três de seus livros mais influentes: *Problemas de gênero*, de Judith Butler, *One Hundred Years of Homosexuality* (Cem anos de homossexualidade), de David M. Halperin, e, sobretudo, o grande livro fundador da Teoria Queer, *A epistemologia do armário*, de Eve Kosofsky Sedgwick.

O que esses primeiros estudos queer já vão modificar? Primeiro, o pressuposto de que a maioria é heterossexual é altamente questionável porque se a homossexualidade é uma construção social, a heterossexualidade também é. Então, o binário hetero-homo é uma construção histórica que a gente tem que repensar. Até mesmo dados empíricos, como os que surgiram a partir de pesquisas sócio-antropológicas durante a epidemia de HIV/aids, mostravam que as pessoas transitavam entre diferentes formas de amar. As pessoas nunca couberam apenas em um número limitado de orientações do desejo.

O segundo aspecto é que foram feministas que criaram a Teoria Queer, feministas mulheres e homens. Enquanto a maior parte dos estudos gays eram feitos por homens que não liam as feministas, a Teoria Queer é uma vertente do feminismo. Verdade seja dita, é uma vertente que vem questionar se o sujeito do feminismo é a mulher. Até hoje boa parte da produção feminista é feita com o pressuposto de que gênero é mulher. A Teoria Queer lida com o gênero como algo cultural, assim, o masculino e o feminino estão em homens e mulheres, nos dois. Cada um de nós – homem ou mulher – tem gestuais, formas de fazer e pensar que a sociedade pode qualificar como masculinos ou femininos independentemente do nosso sexo biológico. No fundo, o gênero é relacionado a normas e convenções culturais que variam no tempo e de sociedade para sociedade.

Em outras palavras, a Teoria Queer tem um duplo efeito: ela vem enriquecer os estudos gays e lésbicos com sua perspectiva feminista que lida com o conceito de gênero, e também sofistica o feminismo, ampliando seu alcance para além das mulheres. Mas, como toda vertente teórica, ela reúne diferentes autores/as e perspectivas sob um mesmo rótulo criado *a posteriori*. Historicamente, o termo "Teoria Queer" foi cunhado por Teresa de Lauretis, em 1991, como um rótulo que buscava encontrar o que há em comum em um conjunto muitas vezes disperso e relativamente diverso de pesquisas.

Uma vez, em Ann Arbor, quando fazia pós-doutorado na Universidade de Michigan, vi um livro em uma loja cujo título jocoso ajuda a entender a distinção entre os estudos gays e a Teoria Queer. Não se trata de um livro importante, é apenas de divulgação, mas seu título é ótimo, algo parecido com "Como os estudos gays traíram o mariquinha". Os estudos gays, em sua maior parte, eram estudos sobre homens que adotavam uma postura masculina, uma imagem de respeitabilidade social, a qual hoje em dia encontramos na mídia, especialmente na voltada para este público, como um homem de classe média ou alta, branco, másculo e que, quando musculoso, termina por ser o que, em ambientes metropolitanos como o paulistano e o carioca, chamamos de "barbie". Focando nesse perfil de homossexualidade ou criando estudos sob sua perspectiva, os estudos gays deixaram de lado aqueles que eram xingados e maltratados por romperem normas de gênero.

Como profissionais da educação costumam testemunhar, são meninos femininos e meninas masculinas, pessoas andróginas ou que adotam um gênero distinto do esperado socialmente, que costumam sofrer injúrias e outras formas de violência no ambiente escolar. Será mero acaso que homens e mulheres que constroem um perfil de gênero esperado e escondem seu desejo por pessoas do mesmo sexo sofram menos perseguição? A sociedade incentiva essa forma "comportada", no fundo, reprimida e conformista, de lidar com o desejo, inclusive por meio da forma como persegue e maltrata aqueles que são cotidianamente humilhados sendo xingados de afeminados, bichas, viados, termos que lembram o sentido original de queer na língua inglesa.

Um olhar queer sobre a cultura convida a uma perspectiva crítica em relação às normas e convenções de gênero e sexualidade que permitem – e até mesmo exigem – que muitas pessoas sejam insultadas cotidianamente como esquisitas, estranhas, anormais, bichas, sapatões, afeminados, travestis, boiolas, baitolas, e por aí vai. Pensem sobre essas pessoas e ficará um pouco mais claro, espero, por que queer não é apenas sinônimo de gay ou de homossexual. Também espero que percebam que nada, ou muito pouco, adianta buscar passar da injúria para uma tabela de identidades, de forma que fosse possível dizer assim: "eu vou respeitar fulano, porque fulano é tal coisa". A ideia não é apenas descobrir a forma correta de chamar alguém, mas, antes questionar esse processo de classificação que gera o xingamento: a primeira experiência com relação à sexualidade de todo mundo, seja daquele que foi rejeitado e aprendeu que não era normal, seja de quem adotou as normas e se inseriu socialmente de uma forma mais fácil, digamos assim, é a experiência da injúria.

As pessoas aprendem sobre sexualidade ouvindo injúrias com relação a si próprias ou com relação aos outros. Na escola, quer você seja a pessoa que sofre a injúria, é xingada, é humilhada; quer seja a que ouve ou vê alguém ser maltratado dessa forma, é nessa situação da vergonha que descobre o que é a sexualidade. É claro que, dessa forma, isso se transforma em um trauma, e tudo é pior pra quem é humilhado e maltratado, mas também não é nada agradável alguém que – mesmo não sendo xingado – descobre que seu colega está sendo humilhado e maltratado por causa disso. É assim que as normas se fazem valer.

Daí ser simplista resumir essas violências no termo "homofobia", à violência dirigida a homossexuais, pois essas violências se dirigem a todos e todas, apenas em graus diferentes. Essas violências são expressão do heterossexismo, da forma como somos socializados dentro de um regime de terrorismo cultural. Uso esse termo forte, "terrorismo cultural", para ressaltar que se trata de algo coletivamente imposto e experienciado; sobretudo, algo que vai além de atos isolados de violência. Em uma perspectiva sociológica, há uma lógica de imposição de normas por trás de uma forma de violência sempre à espreita, pois quando sabemos que ela pode acontecer, mas não quando nem de onde ela virá, aprendemos a nos comportar de forma "segura", ou seja, de uma forma que nos coloque ao abrigo de suas manifestações. O terrorismo cultural é um nome que busca ressaltar a maneira como opera socialmente o heterossexismo, fazendo do medo da violência a forma mais eficiente de imposição da heterossexualidade compulsória.

Na vida social, mas sobretudo na escola, aprendemos as formas coletivamente esperadas de ser por meio da perseguição às maneiras de agir e ser rejeitadas socialmente. Na esfera do desejo e da sexualidade, a ameaça constante de retaliações e violências nos induz a adotar comportamentos heterossexuais. Por isso, o que a mídia chama de homofobia atinge mais visivelmente quem é xingado, humilhado ou sofre violência física, mas também constitui um fenômeno que envolve a todos: a vítima, o algoz e as testemunhas. Em um episódio de violência há aquele que é atacado injustamente, o que ataca fazendo valer uma norma social e quem testemunha a cena. Frequentemente, quem assiste não consegue agir e tende a ver na violência um alerta para aceitar a norma, caso não queira se tornar a próxima vítima.

Atos isolados de violência emergem quando formas anteriores, invisíveis de violência, se revelaram ineficientes na imposição de normas ou convenções culturais. Estes atos chamam mais nossa atenção, mas não podem nos iludir como sendo as únicas formas de violência que se passam no convívio social. Na verdade, ironias, piadas, injúrias e ameaças costumam preceder tapas, socos ou surras. A recusa violenta de formas de expressão de gênero ou sexualidade em desacordo com o padrão é antecedida e até apoiada por um processo educativo heterossexista, ou seja, por um currículo oculto comprometido com a imposição da heterossexualidade compulsória. Um comprometimento em construir uma experiência educacional que tenha uma perspectiva queer exige lidar com a experiência da abjeção como algo concernente a todos e que não deveria ser parte da experiência educacional.

Capítulo II
Estranhando a Educação

No Brasil, em meio ao processo de universalização do ensino básico que se dá a partir da década de 1990, a educação passa a ser tensionada pelo contato recente com grande parte da população que, historicamente, nunca tinha sido atendida pelo Estado, a não ser, talvez, por meio do sistema de saúde. Ao mesmo tempo, as reivindicações dos movimentos sociais ganharam maior atenção pública ao questionar concepções sobre o que seria a nação brasileira. Em outros termos, graças à consolidação da democracia após décadas de regime militar, ficou patente que a sociedade brasileira se revelava incapaz de lidar com as diferenças étnico-raciais, de gênero e sexuais. Diferenças ignoradas e sufocadas durante a ditadura afloraram na democracia clamando por reconhecimento e aceitação.

Foi nesse contexto que, em 2001, veio a público um dos primeiros textos sobre o queer em nosso país: o "Teoria Queer: uma política pós-identitária para a educação", de Guacira Lopes Louro, publicado na *Revista Estudos Feministas*. Louro teve contato com essa vertente de estudos alguns anos antes, durante o período que passou no *campus* de Santa Cruz, da Universidade da Califórnia, local de batismo dessa linha de reflexão. Assim, razões históricas e de circulação intelectual contribuíram para a recepção da Teoria Queer na área educacional brasileira. Em outras disciplinas, como a Sociologia, a Psicologia, a Comunicação e a Linguística, o contato com a produção de teóricos queer norte-americanos também despertou uma nova sensibilidade acadêmica para os debates emergentes na esfera da sexualidade brasileira.

A entrada da Teoria Queer no Brasil, portanto, se deu em meio a uma reconfiguração da área de estudos sobre sexualidade que desde o final da década de 1980 tinha sido moldada pelos debates envolvendo a epidemia de aids e a necessária articulação das demandas sociais aos interesses do Estado durante o pânico sexual. A partir do surgimento do coquetel antirretroviral e a progressiva percepção da aids como doença tratável, ganham espaço demandas de outra ordem, particularmente visíveis na área de educação, onde uma massa de estudantes passa a ser atendida pela primeira vez pelo Estado brasileiro. Se na área de saúde a urgência de tratamento médico predominava, na de educação é compreensível que surjam demandas mais claramente compreendidas como de cidadania. Assim, é possível dizer que foi nas escolas, em particular no ensino básico, que o povo encontrou o Estado em emergentes tensões entre os interesses do ensino e o surgimento da demanda das pessoas por reconhecimento e direitos.

A partir do exposto, não é de estranhar que educadoras tenham se sentido pressionadas, ou melhor, desafiadas a lidar com uma realidade invisível ou apagada durante a ditadura. Os sujeitos, em uma sociedade democrática, se sentem mais seguros para expressar ideias e desejos, questionando conteúdos e métodos educativos. Professoras se viram entre os interesses estatais e coletivos presentes no currículo e na própria organização do ensino escolar e as novas formas de expressão sexual e afetiva entre os estudantes. Faltavam referências teórico-pedagógicas para fazer frente a essa nova realidade, já que mesmo a produção brasileira mais avançada na área educacional ainda era herdeira de um marxismo que, mesmo culturalizado, não havia incorporado os temas das diferenças.

Historicamente, a emergência de uma corrente culturalizada do marxismo conhecida como Estudos Culturais se deu inicialmente na Inglaterra, em Birmingham, e associou o trabalho de educação de adultos a uma maior atenção à experiência social das classes populares. Isso enriqueceu a produção acadêmica de autores como Richard Hoggart, Raymond

Williams e E. P. Thompson, e repercutiu em áreas como a Sociologia, a História e a Educação no Brasil.[13] Nossa recepção se deu por meio da ênfase dos pesquisadores ingleses na "experiência" das pessoas do povo, na valorização de empreendimentos históricos e sociológicos que recontassem a história oficial sob sua perspectiva.

Por razões de circulação intelectual e do perfil do marxismo predominante em nosso país, menor atenção foi dada às rupturas que as gerações seguintes dos Estudos Culturais introduziram na pesquisa social. Assim, foi apenas no final da década de 1990 que as vertentes contemporâneas dos Estudos Culturais que passaram a lidar com questões étnico-raciais e sexuais, os Estudos Pós-Coloniais e a Teoria Queer, tiveram recepção entre nós. Profissionais da educação como Tomaz Tadeu da Silva foram fundamentais nesse processo de seleção, tradução e publicação de obras desses saberes que se desenvolveram em relação crítica com as disciplinas acadêmicas institucionalizadas e que, por isso mesmo, são também conhecidos como Saberes Subalternos.[14]

A recepção brasileira da Teoria Queer na área de educação demonstra que seus conceitos e abordagens se revelaram afeitos às demandas que as educadoras passaram a reconhecer nos estudantes. De forma positiva, professores começaram a reavaliar os interesses educacionais que impunham, muitas vezes de forma invisível e até silenciosa, modelos de comportamento, padrões de identidade e uma gramática moral autoritária a jovens e crianças.

Tal processo não tem se dado sem resistências. Se o reconhecimento dessa realidade educacional gerou a criação de órgãos como a SECAD (Secretaria de Educação Continuada,

---

[13] Uma das melhores introduções aos Estudos Culturais em português é a da dupla de pesquisadores franceses Mattelart e Neveu (2004).
[14] Saberes que até recentemente não tinham reconhecida sua cientificidade, por serem localizados e construídos a partir da experiência, o que os colocava em desacordo com a suposta imparcialidade e generalidade da ciência (FOUCAULT, 2000).

Alfabetização e Diversidade)[15] em 2004 – órgão do MEC responsável por muitas iniciativas educacionais voltadas para a problemática dos direitos humanos, em particular dos envolvendo gênero e sexualidade –, no mesmo ano foi fundado o Escola sem Partido, grupo que se opõe aos conteúdos educacionais considerados "doutrinários" e associados a uma perspectiva "partidária".

A partir do reconhecimento das uniões entre pessoas do mesmo sexo pelo Supremo Tribunal Federal, em maio de 2011, somaram-se a essa linha contra o acolhimento das diferenças na educação também alguns segmentos religiosos (evangélicos, especialmente pentecostais, mas sobretudo católicos) que buscaram barrar a distribuição de material didático contra a homofobia. Vale sublinhar que são apenas alguns segmentos religiosos que tomam partido contra os direitos sexuais e reprodutivos, mas não religiões como um todo tampouco a maioria de seus adeptos.

As vertentes sociais que buscam impedir transformações educacionais e legais que garantam equidade a grupos historicamente subalternizados – como homossexuais, lésbicas, gays, transgêneros, travestis, pessoas intersex, entre outros – erroneamente têm sido caracterizadas como formadas por fundamentalistas religiosos, mas estudos recentes mostram ter também muitos membros laicos e agnósticos cuja aliança é apenas eventual e tácita. Em comum, partilham de uma visão política autoritária de sociedade e a recusa a mudanças legais, culturais e – sobretudo – educacionais que coloque em xeque antigas hierarquias sexuais e de gênero.[16]

Tais ameaças conservadoras têm ameaçado, mas não impedido o comprometimento de educadores brasileiros em

---

[15] Recentemente a SECAD foi renomeada como SECADI, somando o termo "inclusão" à sigla-nome original.

[16] Sobre as disputas políticas em torno do novo Plano Nacional de Educação e suas versões estaduais e municipais consulte o elucidativo livro Formação de Professores e Direitos Humanos: construindo escolas promotoras da igualdade (2015) de Keila Deslandes, também na coleção Cadernos da Diversidade, da Autêntica.

seguir em direção ao reconhecimento das diferenças na educação e, dentre eles e elas, muitos continuam a buscar aplicar uma perspectiva não-normativa e mais democrática em sua atuação didática Mas ainda permanece a dúvida: como incorporar o queer na educação? A primeira coisa seria ter um diálogo crítico e não assimilacionista dentro do espaço escolar, porque isso não apenas tende a tornar a escola melhor, quer dizer, não esta retórica de falar: vamos fazer a escola mais agradável, respeitar a diversidade. A proposta do queer é muito mais fazer um diálogo com aqueles e aquelas que normalmente são desqualificados do processo educacional e também do resto da experiência de vida na sociedade, e é esse diálogo que pode se tornar a própria educação, mudando o papel da escola. Não é pouca coisa, é realmente ambicioso, um desafio a ser encarado e acompanhado em tudo que tem de promissor e incerto.

Historicamente, a escola foi durante muito tempo um local de normalização, um grande veículo de normalização estatal. O processo de educar e a expansão do sistema de ensino foram importantes pra criar as nações contemporâneas. Havia interesse do Estado em utilizar o aprendizado e a cultura para unificar politicamente as nações, criando um sentimento comum de pertença, aquilo que Benedict Anderson chama de "comunidades imaginadas". Na França, na Alemanha, em muitos países, já no final do século XIX todo mundo estava na escola. Reconheço que é um avanço respeitável que todos tivessem acesso à educação básica, mas é importante perceber que isso se deu lá em um contexto que também envolvia interesse político. Era importante educar as pessoas para elas serem cidadãs de um Estado-nação. Havia interesse político no Estado em ter pessoas para governar.

A observação acima visa a mostrar que a educação foi, nos termos de Foucault, um meio da biopolítica, uma forma poderosa de normalização coletiva. Isso já havia sido percebido em parte, até mesmo por Durkheim, um dos fundadores da Sociologia, em fins do século XIX. Em meados do século

XX, Erving Goffman, um sociólogo da Escola de Chicago, já observa que era na escola – justamente dentro desse processo de normalização – que as pessoas entrariam em contato pela primeira vez com a sociedade e suas demandas. Isso porque, muito frequentemente, nas famílias é claro que você está inserido na sociedade, mas você tem um certo cordão de proteção com relação a muitas demandas exteriores ao círculo do parentesco. Na escola, tal cordão desaparece, e é aí que descobrimos que somos acima do peso, ou magros demais, feios, baixos, gagos, negros, afeminados. Em suma, é no ambiente escolar que os ideais coletivos sobre como deveríamos ser começam a aparecer como demandas e até mesmo como imposições, muitas vezes de uma forma muito violenta.

Hoje em dia, a gente acabou criando um nome para o caráter violento da socialização escolar: *bullying*. Alguns imaginam se tratar de um fenômeno novo, mas, no fundo, o assédio moral sempre foi parte do processo educacional. O *bullying* não foi inventado nos últimos anos, o que mudou foi nossa sensibilidade com relação às formas de violência que ele expressa. A escola era partícipe do assédio moral de tal forma que, normalmente, a educação era *bullying*: você entrava e se enquadrava. Havia um currículo oculto, um processo não dito, não explicitado, não colocado nos textos, mas que estava na própria estrutura do aprendizado, nas relações interpessoais, até na própria estrutura arquitetônica, que continua a ser normalizadora.

Recordo-me que, antes de subir ao palco para a Aula Magna, no intervalo para o café, observei algo interessante no teatro da UFOP. Fui ao banheiro e havia uma fila inacreditável de mulheres para entrarem no banheiro feminino, não tinha quase ninguém para entrar no banheiro masculino. Parem para pensar em como essa distinção arquitetônica nos obriga a descobrir toda hora o nosso gênero e a nossa sexualidade. Na hora de lidar com tudo de mais íntimo somos levados a nos separar em duas filas, duas portas, dois compartimentos arquiteturais. O banheiro público, como a escola, é uma tecnologia de gênero que merece ser repensada. Divisões arquitetônicas são algumas das formas que a sociedade encontra de colocar cada um no seu quadrado e, sobretudo, no caso do banheiro, no seu lugar dentro do binário masculino e feminino.[17]

As ordens arquitetônicas são tecnologias de construção de gênero, de discriminação. Mas já somos capazes de perceber que são estúpidas também, porque ficar preso em uma fila com cem pessoas enquanto o outro banheiro fica vazio porque é para homem se torna absurdo. Percebi e incentivei que as pessoas começassem a entrar. Então as mulheres começaram a entrar no banheiro masculino, de forma que foi bom constatar que também emerge uma nova sensibilidade para o absurdo de certas normas que se impunham de forma tão poderosa por meio de uma placa na porta. Verdade seja dita, na porta de um cômodo no qual as pessoas lidam com sua intimidade, com seus corpos sexuados.

Como disse antes, o queer é relacionado a tudo que é socialmente chamado de estranho, anormal e, sobretudo, abjeto. A abjeção pode ser de diversas formas: você ser classificado de negro em uma sociedade que já foi escravista é uma maneira de ser subalternizado e te relegar a uma posição com menos direitos ou reconhecimento. Mas, não por acaso, a abjeção costuma lidar com o que há de mais íntimo em nós, daí ser compreensível que ela passe muito pela sexualidade. Infelizmente, muitas vezes, ao usarem a palavra "sexualidade", as pessoas tendem a pensar apenas em relações sexuais, mas a sexualidade vai muito além disso.

A sexualidade envolve desejo, afeto, autocompreensão e até a imagem que os outros têm de nós. A sexualidade tende a ser vista, por cada um de nós, como nossa própria intimidade, a parte mais reservada, às vezes até secreta, de nosso

---

[17] A partir do conceito de tecnologia de gênero de Teresa de Lauretis, a teórica queer Beatriz Preciado analisa a ordem arquitetural como criadora de gênero e sexualidade. Sobre os banheiros, consultar seu artigo *online* "Basura y género".

eu. Assim, não surpreende que a sociedade tenha encontrado nela um meio de normalizar as pessoas. Foi a partir de uma maneira de tornar essa sensação mais íntima, mais preciosa e pessoal em algo que é motivo de chacota, xingamento e de humilhação. A abjeção acaba sendo maior via sexualidade porque ali se unem esses sentimentos mais profundos, em que a pessoa mais se sente em confronto com a ordem social. Quer você esteja apaixonado por uma pessoa do mesmo sexo ou do sexo oposto, não importa, toda pessoa que está envolvida na questão da afetividade e do amor se vê necessariamente num particular, num pessoal, e aí qualquer espécie de norma social que venha mexer com isso acaba sendo violenta.

A abjeção é, portanto, facilmente associada à sexualidade. Mas, afinal, o que seria abjeção? Esse termo tão usado pelos teóricos queer, sobretudo por Judith Butler, tem origem na Psicanálise, mas foi repensado por feministas como Julia Kristeva e antropólogas como Mary Douglas. O abjeto é algo pelo que alguém sente horror ou repulsa como se fosse poluidor ou impuro, a ponto de ser o contato com isso temido como contaminador e nauseante. Acho que isso ajuda a entender de onde brota a violência de um xingamento, de uma injúria. Quando alguém xingar outro de algo, por exemplo, quando chama essa pessoa de "sapatão" ou "bicha", não está apenas dando um "nome" para esse outro, está julgando essa pessoa e a classificando como objeto de nojo. A injúria classifica alguém como "poluidora", como alguém de quem você quer distância por temer ser contaminado.

Mary Douglas, em *Purity and Danger: an Analysis of the Concept f Pollution and Taboo,* seu famoso livro da década de 1960, explica como a dinâmica da abjeção opera de maneira que as pessoas sejam induzidas socialmente a "extirparem" de si mesmas, em geral de formas dolorosas, o que é considerado pela coletividade como "impuro", incorreto ou, em termos atuais, anormal. Socializar-se, portanto, costuma ser um processo marcado por formas muito violentas de recusa, em si mesmo, do que a sociedade quer evitar como "contaminante", seja uma identidade de gênero diferente das mais conhecidas ou formas de desejo fora do modelo em voga. Julia Kristeva, em *Pouvoirs de l'horreur*, enfatiza como nossa sociedade compreende como abjeto o que, na visão hegemônica, não deveria ser visível. Abjeto e obsceno (que significa fora de cena) se aproximam, revelando o que a sociedade preferia não ver e que, ao adentrar o espaço público, causa repugnância e repúdio. A partir da ideia de abjeção, compreendemos a dinâmica coletiva que gera a injúria e a violência contra aqueles e aquelas que explicitam a instabilidade dos gêneros e, das formas as mais diversas, encarnam a diferença, o que não se anula na familiaridade do óbvio ou na reconfortante mesmice em que descansa o olhar cotidiano.

A partir da experiência histórica recente da aids, a abjeção ganhou maior relevância na forma como passamos a pensar as relações sociais. Em nossa sociedade, o desejo por pessoas do mesmo sexo tende a ser visto como algo abjeto, e esse triste fato ajudou a caracterizar a eclosão da epidemia de HIV/aids na década de oitenta como um pânico sexual, uma reação contra a homossexualidade, entendida como uma espécie de ameaça coletiva. Se isso já se passava antes, a partir da epidemia essa noção foi reforçada e disseminada, de maneira que, até hoje, ser chamado de homossexual quase sempre equivale a ser xingado, um chamado a se autocompreender e, ao mesmo tempo, a constatar a condenação social do que se é.

A experiência da abjeção deriva do julgamento negativo sobre o desejo homoerótico, mas sobretudo quando ele leva ao rompimento de padrões normativos como a demanda social de que gays e lésbicas sejam "discretos", leia-se, não pareçam ser gays ou lésbicas, ou, ainda, de que não se desloque os gêneros ou se modifique os corpos, o que, frequentemente, torna meninos femininos, meninas masculinas e, sobretudo, travestis e transexuais vítimas de violência. Esses exemplos que mostram como a sociedade reage mais violentamente com relação ao rompimento das normas ou convenções de gênero do que com relação à orientação sexual. Por isso, homens gays que adotam uma estética masculina e um estilo de vida hegemônico sofrem menos violência e, de certa maneira, até mesmo contribuem para corroborar a heteronormatividade.

A heteronormatividade é um regime de visibilidade, ou seja, um modelo social regulador das formas como as pessoas se relacionam. Em nossos dias, a sociedade até permite, minimamente, por sinal, que as pessoas se relacionem com pessoas do mesmo sexo; portanto, ao menos para alguns estratos sociais privilegiados, já não vivemos mais em pleno domínio da heterossexualidade compulsória. Nas classes médias e altas urbanas, sobretudo metropolitanas, ganhou clara visibilidade a existência de pessoas que se interessam por outras do mesmo sexo. Nesse contexto, não é possível dizer que se nega a elas a homossexualidade, mas a sociedade ainda exige o cumprimento das expectativas com relação ao gênero e a um estilo de vida que mantêm a heterossexualidade como um modelo inquestionável para todos/as.

Assim, é compreensível que haja tantos casais gays que buscam, com grande dificuldade, adotar um padrão hétero em seus relacionamentos. Isso é clara expressão da vigência da heteronormatividade, dentro da qual uma relação só é reconhecida socialmente se seguir o antigo modelo do casal heterossexual reprodutivo. A demanda recente pelo casamento gay, adoção de crianças e reconhecimento dessas relações como modelo familiar corroboram esse novo momento histórico marcado mais pela heteronormatividade do que pela heterossexualidade compulsória.[18]

Infelizmente, há uma cumplicidade por parte também da maioria de gays e lésbicas com essa expressão mor de violência que é uma fobia do rompimento heteronormativo.

---

[18] Sobre o caráter normalizante de certas demandas políticas, em especial a de direitos por meio do casamento, consultar Miskolci (2007) e Raup-Rios e Oliveira (2012).

Não estou falando isso para culpabilizar gays e lésbicas por uma forma de violência simbólica criada socialmente. É sempre perigoso cair naquela retórica reacionária que tende a jogar a culpa pelo preconceito na própria vítima. Meu objetivo aqui é atentar para como todos nós estamos implicados em regimes de normalização e compreender isso exige não nos apegarmos a uma forma vitimizadora de compreender as normas e convenções sociais, elegendo algozes e vítimas em uma concepção simplista do que é a vida social.

As normas sociais não escolhem sujeitos, elas se impõem a todos e todas, mesmo àqueles e àquelas que jamais conseguirão atendê-las, daí, nessa perspectiva, se dissolver o paradoxo aparente de mulheres machistas, gays homofóbicos ou negros racistas. Afinal, ideais coletivos moldam todos nós, e eles se fazem valer por normas e convenções culturais que deveriam ser nosso alvo crítico em busca da construção de uma sociedade mais justa e igualitária. Em uma perspectiva queer, a educação pode evitar, ou pelo menos contribuir, para que todos, quaisquer que sejam as suas decisões sobre as suas relações amorosas e sexuais, não adotem irrefletidamente preconceitos por meio da adesão a modelos comportamentais.

Não por acaso, a heteronormatividade é o grande alvo queer, pois ela não é apenas restrita aos heterossexuais. A heteronormatividade é um problema inclusive entre homossexuais. De uma forma simplificada, vou apresentar definições de três conceitos que estão frequentemente nos textos, nos livros, nos *sites*, mas que vêm sendo utilizados sem nenhum rigor teórico, tampouco acurácia histórica. Refiro-me aos conceitos de *heterossexismo*, *heterossexualidade* compulsória e *heteronormatividade*.

Heterossexismo é a pressuposição de que todos são, ou deveriam ser, heterossexuais. Um exemplo de heterossexismo está nos materiais didáticos que mostram apenas casais formados por um homem e uma mulher. A heterossexualidade compulsória é a imposição como modelo dessas relações amorosas ou sexuais entre pessoas do sexo oposto. Ela se expressa, frequentemente, de forma indireta, por exemplo, por meio da disseminação escolar, mas também midiática, apenas de imagens de casais heterossexuais. Isso relega à invisibilidade os casais formados por dois homens ou duas mulheres. A heteronormatividade é a ordem sexual do presente, fundada no modelo heterossexual, familiar e reprodutivo. Ela se impõe por meio de violências simbólicas e físicas dirigidas principalmente a quem rompe normas de gênero. Em outras palavras, heterossexismo, heterossexualidade compulsória e heteronormatividade são três coisas diferentes, conceitos importantes que nos auxiliam a compreender a hegemonia cultural hétero em diferentes dimensões.

Infelizmente, quase toda educação e produção de conhecimento ainda é feita em uma perspectiva heterossexista. Quando algo se apresenta como neutro, como "científico", deve-se desconfiar de que foi feito em uma perspectiva masculina, branca, ocidental, cristã e heterossexual. Um olhar a partir das diferenças na educação implica tentar perceber os modelos, os padrões; em outras palavras, as normas e as convenções culturais que buscam se impor de forma indireta por meio, por exemplo, do material didático ou das discussões correntes na mídia.

De certa maneira, um olhar queer é um olhar insubordinado. É uma perspectiva menos afeita ao poder, ao dominante, ao hegemônico, e mais comprometida com os sem poder, dominados, ou melhor, subalternizados. Na esfera da sexualidade e do desejo, a maior parte do que é reconhecido socialmente como discurso autorizado a falar é produzido dentro de uma epistemologia dominante, criada sob essa suposta "cientificidade", que pouco difere de um compromisso com a ordem e o poder.

É importante desenvolver um olhar atento e crítico para as abordagens pedagógicas sobre gênero e sexualidade criadas em uma perspectiva de saúde pública. A maioria delas, infelizmente, ainda lida com o desejo e o sexo como potencialmente perigosos para a vida coletiva, ou seja, priorizando os interesses estatais de controle social em detrimento das demandas individuais por reconhecimento de seus interesses e prazeres. Cabe à educadora ou ao educador buscar um equilíbrio entre o oferecimento de informações sobre saúde, doenças sexualmente transmissíveis (DSTs), contracepção e outros temas, sem impor, juntamente com elas, padrões morais e comportamentais rígidos, conservadores e antiquados.

Reduzir a sexualidade, o desejo e o prazer a imperativos de saúde pública pode ser uma forma de violência com relação aos diferentes anseios individuais. Historicamente, expressões de desejo e de gênero foram patologizadas e, portanto, vistas como doença mental. A própria homossexualidade só foi retirada do Manual de Diagnóstico de Doenças Psiquiátricas em 1973, enquanto transexualidades ainda tendem a ser classificadas como disforia de gênero, e a intersexualidade mantém-se sob definição e controle da medicina. Isso para não mencionar a tendência social – corroborada por parte da área de saúde – a associar dissidências sexuais e de gênero com supostas práticas sexuais controversas ou de "risco". É necessário ter em mente que os saberes médicos também mudam e atualmente estão em um diálogo transformador com as demandas de direitos sexuais e reprodutivos de forma que suas teorias e classificações passadas – e mesmo muitas das vigentes – não podem ser tomadas como verdades atemporais. Em suma, abordagens de saúde precisam ser feitas evitando incorporar de forma acrítica padrões morais questionáveis e ultrapassados que forjaram antigas classificações e avaliações da medicina.

Padrões morais costumam ser a via de entrada de normas e convenções na experiência educacional. Distinguir entre concepções de educar voltadas para a diversidade ou para a diferença pode ser um meio profícuo de evitar que o aprendizado redunde na manutenção da diferença como algo a ser, no máximo, tolerado. Comentei desde o início que, nos últimos anos, o termo "diversidade" entrou em voga no Brasil. Provavelmente, isso se deu por meio de políticas internacionais, mas pensemos um pouco sobre isso, porque vale a pena partir dos termos que nos são dados pelos órgãos de fomento e desconstruí-los para criar a nossa abordagem.

Qual o problema do termo "diversidade"? A ideia de diversidade surge da preocupação com conflitos étnico-raciais, e mesmo culturais, na Europa e na América do Norte, entre as décadas de 1980 e 1990. Nesse período, havia, por exemplo, desde conflitos culturais entre diferentes comunidades de imigrantes de ex-colônias na Inglaterra, na França e na Holanda até, na América do Norte, a rivalidade entre as partes de fala francesa e inglesa no Canadá, que levou a uma tentativa de transformar o Quebec em um outro país. Nos Estados Unidos, no início da década de 1990, entraram para a história episódios de conflitos raciais entre negros e brancos, como os que se passaram em Los Angeles. É nesse contexto histórico de grande preocupação social que surge a demanda por reflexões acadêmicas e políticas apaziguadoras e conciliatórias.

Assim, em 1990, é lançado um texto fundamental sobre o tema, *The Politics of Recognition* (A política do reconhecimento), do filósofo canadense Charles Taylor. Nesse artigo, há uma reflexão que serve de base para boa parte do que foi produzido daí em diante sobre diversidade, tanto em termos acadêmicos como na forma de políticas sociais. A noção de diversidade busca compreender as demandas por respeito, por acesso a direitos por parte de pessoas que historicamente não tiveram esses direitos reconhecidos, como negros, povos indígenas, homossexuais, mas de forma que esses direitos particulares sejam reconhecidos dentro de um contexto institucional universalista.

Em sociedades democráticas como a francesa, por exemplo, o universalismo se choca com demandas de reconhecimento vindas de grupos historicamente considerados minoritários. Em uma ordem republicana universal, não há espaço para demandar particularidade, diferença, daí os conflitos que medidas como a proibição do uso do véu, por parte de mulheres muçulmanas, provocaram e ainda provocam por lá. A *rationale* que guia o princípio do Estado laico exige que todos/as, sem exceção, deixem de usar qualquer símbolo religioso dentro de prédios públicos como as escolas.

Em países como os Estados Unidos ou o Canadá, a concepção política de nação é mais permeável a demandas diferenciadas, por isso o Estado adota medidas de reconhecimento e/ou políticas como as ações afirmativas que visam, por exemplo, a ampliar o acesso de negros e mulheres às universidades, e mesmo a postos de trabalho.

No Brasil, em que a República foi criada em fins do XIX de forma a preservar os privilégios das classes dominantes brancas, ricas e letradas, em fins do século XX começamos a ver a emergência – com muita polêmica – de demandas de reconhecimento e ações afirmativas. As políticas governamentais criadas sob o rótulo da diversidade buscam fazer frente a esse novo cenário cultural e político tão recente quanto imprevisível.

Creio que a razão histórica das políticas públicas voltadas para a diversidade fica clara, mas mais difícil é compreender o que há de problemático na perspectiva da diversidade. Na minha visão, as demandas sociais são de reconhecimento da diferença, mas o filtro político as traduz na linguagem da tolerância da diversidade. Tolerar é muito diferente de reconhecer o Outro, de valorizá-lo em sua especificidade, e conviver com a diversidade também não quer dizer aceitá-la. Em termos teóricos, diversidade é uma noção derivada de uma concepção muito problemática, estática, de cultura. É uma concepção de cultura muito fraca, na qual se pensa: há pessoas que destoam da média e devemos tolerá-las, mas cada um se mantém no seu quadrado e a cultura dominante permanece intocada por esse Outro. Na escola, seria como se disséssemos: estaremos na mesma sala, mas você não interfere na minha vida e eu não interfiro na sua e não interferiremos na de fulano. Além de ser impossível ocupar o mesmo espaço sem se relacionar e interferir, a retórica da diversidade parece buscar manter intocada a cultura dominante, criando apenas condições de tolerância para os diferentes, os estranhos, os outros.

Não por acaso, a Teoria Queer e os Estudos Pós-Coloniais surgem articulados a uma reação crítica a essa retórica da diversidade, também conhecida como multiculturalismo. Em 1993, por exemplo, ela é ironizada por Michael Warner, na primeira compilação de estudos queer, intitulada *Fear of a Queer Planet* (Medo de um mundo queer) como "a política do arco-íris", a utopia de uma sociedade em que as diferenças conviveriam em harmonia, assim como apresenta a bandeira do movimento homossexual, criada na década de 1970.

No mesmo ano, Homi Bhabha publicou um artigo intitulado "A outra questão", no qual coloca em xeque a ideia de diversidade, por que as pessoas não estão demandando tolerância, mas sem reconhecimento, passa pela transformação da cultura hegemônica. Ou seja, não adianta dizer: "vivemos numa sociedade universalista, a cultura é para todos"; pois aí tem espaço para cada um, desde que a cultura continue sendo o que ela é. A proposta dos pós-coloniais, dos queer, em suma, dos saberes subalternos, é a de uma política da diferença, o reconhecimento de quem é diferente pra transformar a cultura hegemônica. Em resumo, uma política da diferença emerge como crítica do multiculturalismo e da retórica da diversidade, afirmando a necessidade de ir além da tolerância e da inclusão mudando a cultura como um todo por meio da incorporação da diferença, do reconhecimento do Outro como parte de todos nós.

A diversidade trabalha com uma ideia de poder horizontal, por isso eu gosto do mote popular que define o multiculturalismo como "cada um no seu quadrado", porque ele traduz, ironicamente, como isso visa a manter as relações de poder intocadas. Ao contrário, na perspectiva da diferença, reside a proposta de mudar as relações de poder.

Veja-se, por exemplo, a proposta queer de repensar o aprendizado a partir da experiência da humilhação e do xingamento. Quer dizer, é você tomar o que não era nem considerado passível de ser feito como ponto de partida. É ressignificar como fundamental o que antes não era trazido ao discurso como questão: a normalização pela injúria e pela humilhação. Em uma perspectiva das diferenças, queer, não normativa, ao invés de permitir que o processo educacional continue a usar essas ferramentas para forçar as pessoas a "entrarem nos eixos", pode-se pensar na possibilidade de usá-las para modificar o processo educacional.

Estamos diante de uma proposta de lidar com as diferenças que eu chamaria de uma proposta "subalterna". Sintonizados com a definição que a feminista Joan W. Scott atribui a diferença como a "designação do outro, que distingue categorias de pessoas a partir de uma norma presumida (muitas vezes não explicitada)" (SCOTT, 1998, p. 297), é possível pensar em um exercício transformador de trazer ao discurso, e questionar, esta norma presumida que, por tanto tempo dirigiu o aprendizado a favor do poder hegemônico. Desconstruir as normas e, sobretudo, as convenções culturais impostas por uma tradição que se imiscui em nosso cotidiano violentando nossos desejos e mesmo nossa humanidade seria um primeiro passo insubordinado no caminho da transformação da cultura.

Na visão das correntes teóricas e políticas inspiradas pelas diferenças, é necessário compreender o processo de subalternização pra mudar a ordem hegemônica. Em outras palavras, elas releem e reatualizam o marxismo na vertente culturalizada do pensador italiano Antonio Gramsci. De forma geral, segundo Gramsci, a cultura hegemônica não é resultado de uma dominação coercitiva direta, mas, antes, o resultado de um contexto em que os próprios subalternizados apoiam os dominantes. A hegemonia é resultado da cumplicidade dos dominados com os valores que os subalternizam. Na perspectiva dos saberes insurgentes[19] – aqui compreendidos como o feminismo, a Teoria Queer e os Estudos Pós-Coloniais –, devemos colocar em xeque a forma de criação do conhecimento atual, a epistemologia vigente, de forma a mostrar como seu poder e autoridade derivam não de sua neutralidade científica, mas sim de seu comprometimento com o poder.

Na esfera das práticas sociais, em particular na educação, uma perspectiva subalterna exige essa atenção ao que os processos educacionais antigos mais temiam: a diferença, o inesperado, o criativo, o novo, o que realmente pode mudar a ordem do poder. Distinguir entre diferença e diversidade ajuda a compreender mais claramente a proposta queer. Uma perspectiva não normativa pode causar mudanças mesmo dentro de programas que têm o título de diversidade.

A diversidade serve a uma concepção horizontal de relações sociais que tem como objetivo evitar a divergência e, sobretudo, o conflito. Por sua vez, lidar com as diferenças impõe encarar as relações sociais em suas assimetrias e hierarquias, reconhecendo que a divergência é fundamental em um contexto democrático. Reconhecer diferenças é um primeiro passo para questionar desigualdades, o que pode criar conflito, mas também consenso na necessidade de mudar as relações de poder em benefício daqueles e daquelas que foram historicamente subalternizados. Enquanto a perspectiva da diversidade tenta inserir diferentes na sociedade evitando contatos em nome de uma questionável harmonia, a perspectiva das diferenças nos convida sempre ao contato, ao diálogo, às divergências, mas também à negociação de consensos e à transformação da vida coletiva como um todo.

A perspectiva das diferenças é mais democrática porque nos convida a descobrir a alteridade como parte não reconhecida do que somos, em vez de um atributo ou a identidade de um

---

[19] Sobre saberes insurgentes, consulte meu artigo "Um saber insurgente ao Sul do Equador" (2014).

Outro incomensuravelmente distinto de nós mesmos. Quando falamos de "Outros" sociais, pensamos que a diferença é algo que não existe em nós, mas ela existe, apenas foi normalizada, apagada ou ignorada. Infelizmente, aprendemos a nos ver como seres mais respeitáveis socialmente quanto mais negamos nossas divergências e idiossincrasias. Só que elas existem e se manifestam cotidianamente, muitas vezes na forma de frustração de algum anseio que permanece inarticulado, expresso apenas como tristeza ou um sentimento repentino de solidão.

Daí a perspectiva não normativa de educação mostrar que a experiência da abjeção não diz respeito apenas a quem foi qualificado de anormal, estranho, mas constituiu quem nós somos e muito frequentemente o que a sociedade nos fez crer que é o que há de pior em nós. A educação, infelizmente, até hoje se constituiu em um conjunto de técnicas que busca fazer o Outro ser do jeito que a gente quer. E isso é realmente muito triste, algo autoritário, normativo, violento. A gente aprende a ensinar como se ensinar fosse um processo bem-sucedido em que no final, todo mundo pensa como você, age como você e vive como você. Talvez, espero, tenhamos começado a reavaliar isso, e, ao invés de educar para homogeneizar ou alocar confortavelmente cada um em uma gaveta, estejamos começando a aprender a nos transformar por meio das diferenças.

Capítulo III
Um aprendizado pelas diferenças

Chegamos, por fim, aos desafios de uma educação não normalizadora, ou, como eu preferiria pensar, um aprendizado pelas diferenças. Serei mais breve nessa parte porque ela se refere a uma possibilidade e só o tempo dirá se ela se tornará algo concreto. Também porque não é nenhum segredo que sou apenas um sociólogo em diálogo com a área de educação, alguém treinado mais teórica e metodologicamente do que para o difícil exercício de articular conhecimento e prática.

O grande desafio na educação talvez permaneça o mesmo: o de repensar o que é educar, como educar e para que educar. Em uma perspectiva não normalizadora, educar seria uma atividade dialógica em que as experiências até hoje invisibilizadas, não reconhecidas ou, mais comumente, violentadas, passassem a ser incorporadas no cotidiano escolar, modificando a hierarquia entre quem educa e quem é educado e buscando estabelecer mais simetria entre eles de forma a se passar da educação para um aprendizado relacional e transformador para ambos.

O título deste livro, *Teoria Queer: um aprendizado pelas diferenças*, surgiu dessa ideia de uma educação que não impusesse modelos preestabelecidos de ser, de se compreender e de classificar de uns aos outros. Isso para que a educação buscasse deixar de ser um dos braços de normalização biopolítica para o Estado e passasse a ser um veículo social de desconstrução de uma ordem histórica de desigualdades e injustiças. De certa maneira, isso se configura como a compreensão da educação para muito além da escola, em suas relações profundas –

apesar de frequentemente pouco exploradas – com os interesses coletivos, sociais e políticos. Nas palavras da também socióloga Berenice Bento:

> Para se compreenderem os motivos que fazem da escola um espaço destinado, fundamentalmente, a reproduzir os valores hegemônicos, é necessário sair desse espaço, ampliar nosso olhar para a própria forma como a sociedade produz as verdades sobre o que deve ser reproduzido, quais os comportamentos de gênero sancionados e por que outros são silenciados e invisibilizados, qual a sexualidade construída como "normal" e como gênero e sexualidade se articulam na reprodução social. Essas questões não podem ser respondidas exclusivamente nos limites da escola. Há um projeto social, uma engenharia de produção de corpos normais, que extrapola os muros da escola, mas que encontrará nesse espaço um terreno fértil de disseminação (BENTO, 2011, p. 555-556).

O primeiro passo nessa direção me parece ser o de identificar e desconstruir os pressupostos de neutralidade sob os quais se assentaram durante tanto tempo o processo educativo e o espaço escolar, ambos associados ao que Bento chama de "engenharia de produção de corpos normais". Algo apenas viável quando educadoras, mesmo mantendo seus pés na sala de aula, ampliam seu olhar para o que vincula o cotidiano ali dentro com o espaço mais amplo das interações além dos muros da escola. Nesse sentido, posso dar meu testemunho de que foi essa constatação que me fez compreender o que tem vinculado meu trabalho como sociólogo com o de profissionais área de educação: nossos esforços se encontram na percepção de como o processo educativo e a reprodução social estão intrinsecamente ligados. Uma reprodução que, infelizmente, tende a inculcar e disseminar valores preconceituosos que engendram formas diversas de desigualdade social.

Historicamente, nenhum outro espaço institucional foi tão claramente usado como uma tecnologia de normalização quanto a escola. Como já comentei, a expansão do modelo de nação ainda hegemônico dependeu da expansão do aparato educacional sob o controle do Estado, o que se passou nos países centrais ainda no século XIX. Vale a pena pensar como aqui, no Brasil, em que a democratização do acesso à educação básica se deu tão tardiamente e se aprofundou recentemente, após a redemocratização, em meados dos anos 1980, isso já se deu dentro de uma relação menos submissa entre a sociedade civil e os interesses estatais.

Sugiro que a recepção e o interesse atual da área da Educação brasileira nas questões das diferenças de gênero, raciais e sexuais têm relação com o momento histórico em que a expansão do sistema de ensino se deu em nosso país. Em outras palavras, nós, tanto acadêmicos quanto educadores/as, estamos criando diálogos antes incipientes graças a uma recente democratização da sociedade brasileira.

Nesse contexto, não é mero acaso que tanto se fale sobre os conteúdos usados em sala de aula, já que apenas em sociedades democráticas se pode discutir e reavaliar o que se considera como relevante de ser aprendido, ao invés de tomar os livros, por exemplo, como portadores de saberes obrigatórios.

A verdadeira batalha, que foi deflagrada em 2015 em torno do Plano Nacional de Educação, e suas versões estaduais e municipais mostram um conflito em torno de concepções autoritárias e democráticas do ensino e, sobretudo, de seus conteúdos. Segmentos sociais que se opõem às discussões de gênero e sexualidade na escola na verdade lutam contra os direitos sexuais e reprodutivos e, portanto, contra parte dos direitos humanos. Esses grupos, em conjunto, formam a versão local de um fenômeno político que se passa em muitos outros países, especialmente na América Latina. De forma geral, grupos diversos – alguns religiosos, outros laicos e uma maioria de agnósticos – passaram a compartilhar e disseminar um verdadeiro pânico moral em relação aos avanços recentes na luta das mulheres por igualdade de gênero e direito à contracepção assim como no reconhecimento de direitos sexuais concernentes a homossexuais, pessoas *trans*, entre *outrxs*.[20]

Aqueles e aquelas que não se deixam ameaçar por forças autoritárias mantendo seu compromisso com o reconhecimento das diferenças não deixarão de lidar com os temas de gênero e sexualidade na sala de aula. Se os materiais pedagógicos existentes forem insuficientes ou desatualizados, há formas criativas para trabalhar. Considero interessante a proposta de criar outros materiais escolares ou mesmo lidar com o material disponível de outra forma. Ao invés de encarar o material como conteúdo a ser assimilado e decorado, seria inteiramente pensar nele como base para refletir e questionar. Diante de uma imagem familiar branca, heterossexual e de classe média estampada nas páginas de um livro de alfabetização, caberia um exercício de desenhar a mais próxima de cada um dos estudantes em todas as suas particularidades no que toca a diferenças socioeconômicas, número de pessoas sob o mesmo teto, raça, religião, identidade de gênero, configurações amorosas.

Durante a maior parte da história, as referências culturais em torno das quais se desenvolveu o aprendizado constituíam modelos e padrões educativos vinculados ao que o Estado queria impor como ideal. No Brasil, por exemplo, a chamada "ideologia do branqueamento" de fins do século XIX e começo do século XX foi sucedida, a partir da década de trinta, pela de democracia racial. Estes ideais de nação se expressaram e se disseminaram por meio de textos, imagens e demais mensagens culturais inculcadas desde a infância na população educada. A crença altamente contestável de que não há racismo no Brasil, ou de que não se deve discutir

---

[20] Consulte meu artigo em coautoria com Maximiliano Campana, "'Ideologia de Gênero': notas para a genealogia de um pânico sexual contemporâneo" (2017), para uma reconstituição histórica desse movimento contra o avanço dos direitos sexuais e reprodutivos e suas principais características, entre as quais se destaca a recusa de transformações na esfera educacional.

questões raciais ou implementar políticas de ação afirmativa, deriva muito desse ideal de nação fundado em uma imagem de harmonia social, a ordem, como condição imprescindível para alcançarmos o progresso.

Historiadores e sociólogos mostram como toda nação é imaginada como uma comunidade com fronteiras que definem quem dela participa e quem é dela excluída, ou seja, a nossa imagem de nação também comporta discriminações e exclusões. Encará-las é reconhecer a existência de diferenças, dissonâncias e dissidências na sociedade em relação ao que o Estado tentou construir como ideal. Trata-se de um exercício intelectual e político de mirar a sociedade como algo distinto e mais rico do que os modelos querem aceitar. A educação, e a escola em particular, tendeu a ser usada como um mecanismo de socialização que era também de normalização das diferenças, seu apagamento ou enquadramento nos modelos que interessavam aos interesses políticos do alto.

No Brasil, esses interesses foram marcados por um ideal de nossas elites políticas, intelectuais e econômicas de criar uma "civilização nos trópicos", uma nação à semelhança dos modelos europeus ou norte-americanos. Um ideal que ignorou ou deu menos relevância à influência da cultura africana e da indígena para o que somos hoje em dia. A ideia ainda corrente de miscigenação como sinônimo de brasilidade, por exemplo, deixa de explicitar que essa hibridez é sempre apresentada de forma a priorizar o que nos aproxima do Ocidente branco usando ou reconhecendo a influência de outras culturas apenas para nos singularizar nesse Ocidente. Mas o Brasil é mais diverso do que o ideal de nossas elites jamais conseguiu imaginar, e conhecer nossas origens culturais para além de um imaginário ocidental e europeu ainda é um desafio.

Nesse sentido, é revelador como até recentemente não tínhamos acesso a bom material em português sobre História da África, criado também por pesquisadores africanos e sob uma perspectiva que não insere a cultura africana dentro de uma ordem mundial moldada pelos interesses e padrões europeus.[21]

Abordar criticamente as dinâmicas em que contribuições culturais africanas e indígenas são reconhecidas em sua incorporação subalternizada em nosso país é um exercício promissor no desenvolvimento de uma nova ideia de nação brasileira, mais próxima das experiências concretas do povo e positivamente mais distante dos velhos ideais de nossas elites. Ao contrário do que afirmam os defensores atuais da manutenção da teoria da democracia racial, a verdadeira democracia só surgirá quando interpretações do que somos dialogarem com as experiências concretas e diversas de nossa população distribuída por um território tão vasto quanto marcada por experiências e especificidades culturais diversas e pouco reconhecidas.

Não por acaso, a concepção dominante de nação tendia a minimizar o papel das mulheres, vistas apenas como mães e esposas, restritas ao espaço doméstico, portanto, confinadas à reprodução e ao cuidado dos homens, apresentados como os verdadeiros cidadãos nacionais, senhores do espaço público e da política. A historiadora Margareth Rago mostrou como até meados do século XX mulher pública era sinônimo de prostituta, o que desqualificava a mulher para a esfera do poder e associava a sexualidade feminina ao crime e ao rompimento da moral. Se, desde a década de 1960, as feministas nos ensinaram que o privado é político, ainda enfrentamos a dificuldade de reconhecer e mudar os termos em que as relações de poder se dão na esfera da sexualidade e do desejo.

A esfera da sexualidade e do desejo, mais presente no chamado "currículo oculto", ainda aguarda por ser trazida ao discurso e ao debate como parte constitutiva do que aprendemos a compreender como mais íntimo, pessoal e, muitas vezes, o que nos é mais caro. Assim, valeria começar retirando

---

[21] Refiro-me aqui à importante tradução da *História geral da África* para o português, coordenada por meu colega de departamento, Valter Roberto Silvério, e disponível para *download* livre no *site* da UNESCO: <www.unesco.org>.

a heterossexualidade da posição de sujeito universal neutro, perceber que os programas educacionais, as escolas, as ordens arquitetônicas são construídas numa perspectiva heterossexista, a qual faz valer a heterossexualidade compulsória e/ou a heteronormatividade por meios antes invisíveis de violências, das quais as mais óbvias e mortais têm sido progressivamente identificadas como homofobia.

Mas é importante não "trocar seis por meia dúzia" apenas buscando "incluir" as diferentes expressões da (homos)sexualidade. Podemos fazer mais e melhor questionando o próprio binário hetero-homossexual (ou mesmo a tríade hetero-homo-bi) como um esquema rígido e restrito que jamais abarcou toda a variedade de expressões afetivas e sexuais humanas. Se somos capazes de perceber que as pessoas cada vez menos cabem em binários como homem-mulher, masculino-feminino, hetero-homo, é porque mal começamos a compreender como as pessoas transitam entre esses pólos, ou se situam entre eles de formas complexas, criativas e inesperadas.

A pirâmide da respeitabilidade sexual mudou e não pode mais ser compreendida de forma fácil, esquemática ou binária.[22] Vejamos, por exemplo, quem é mais respeitada: uma lésbica dentro de uma relação estável e talvez até com filhos, ou uma mulher solteira de 50 anos? Muitas vezes, essa mulher solteira de meia idade sofre tanto, mais, ou ao menos uma outra forma de preconceito que só recentemente começamos a reconhecer como digna de recusa. O que quero dizer é que as demandas de normalidade atingem as pessoas para muito além do binário hetero-homo.

Temos que encarar o desafio possível de lidar com a sexualidade como algo cultural e que influencia todos os aspectos da nossa vida em sociedade. Precisamos repensar nossos modelos

---

[22] Refiro-me aqui à ideia de Gayle Rubin de como nossa sociedade tem uma pirâmide da respeitabilidade sexual, inicialmente apresentada em seu artigo Pensando sobre Sexo (1984).

de recusa, mas também os de aceitação. Nesse sentido, temos que olhar mais criticamente para as representações culturais com as quais vivemos, nos divertimos e também aprendemos. Poderíamos tentar inserir ruído, inserir dúvida sobre coisas que antes ainda eram vistas como naturais ou indiscutíveis.

De certa maneira, as diferenças que ressaltei anteriormente se relacionam e se misturam na vida social, daí termos que pensar nelas como interseccionais. Ao invés de refletir separadamente sobre raça, gênero ou sexualidade, podemos ver esses eixos de diferenciação social como marcas da diferença, daquele rompimento normativo que coloca em xeque os ideais que uma sociedade cria sobre si mesma. A educação costumava ser parte da engenharia social voltada para concretizar essa imagem ideal ou modelar por mecanismos normalizadores que confundíamos como educativos, mas que agora começamos a reconhecer em seu caráter autoritário e interessado. Em outras palavras, a educação era fundamental na disseminação de um ideal hegemônico da sociedade, mas parece ter despertado para seu potencial político de transformação do ideal em algo mais democrático e afeito às experiências subalternizadas.

O ponto de contato da educação escolar com a sociedade, não por acaso, se dá por meio de um diálogo cotidiano com a realidade familiar dos estudantes. Ao contrário do que se pensa, essa proximidade mais visível com a esfera do privado não restringe seu papel social e político, pois, historicamente, a família foi criada como uma instituição-chave na consolidação da ordem social em que vivemos. Da afirmação de que a família é a "célula *mater* da sociedade", que disseminou o mito da família burguesa como base de uma coletividade segura, percorremos um longo caminho para chegar – talvez ainda timidamente demais – às problemáticas atuais em que reconhecemos as violências e desigualdades presentes nesse arranjo doméstico, como o abuso sexual infantil ou a violência contra a mulher. Passamos de uma idealização da família para a contestação de que ela seria necessariamente local de acolhimento, mas ainda temos dificuldade de pensar além dela.

Constatei isso de forma mais clara quando li um ensaio do jovem sociólogo peruano Giancarlo Cornejo, no qual ele analisa sua própria experiência na escola.[23] Em "A guerra declarada contra o menino afeminado" (2010), Cornejo relata que sua vida escolar foi marcada pela maneira como educadores o viam como estranho, delicado, em suma, um menino feminino. Ele era um ótimo aluno, cumpria com todas as suas tarefas de estudante, mas não se encaixava na imagem hegemônica de masculinidade. Assim, na perspectiva da escola, mesmo ele não sendo "um garoto problema", terminou sendo rotulado como um "problema de gênero". Seu relato analisa em detalhes as agruras pelas quais passou dentro da instituição educacional, na qual, mesmo com as melhores intenções, as pessoas tentavam mudá-lo, adaptá-lo, fazer dele o que não era, tampouco desejava ser.

O conflito injusto e desigual entre um menino e a instituição escolar me fez pensar em como a educação ainda é despreparada para lidar com as diferenças. Também me levou a refletir sobre o desafio que seria transformá-la em algo diverso, pautada menos pelo objetivo de inculcar valores dominantes e conteúdos previamente definidos e mais pelo questionamento das injustiças e do diálogo com os anseios dos/as estudantes. Desejos silenciados antes mesmo de chegarem às palavras, já que lhes falta vocabulário para expressá-los, tanto pela tenra idade quanto pela forma como a educação tende a restringir seus horizontes, ao invés de expandi-los.

Giancarlo e sua família se descobriram na linha de fogo, pressionados e demandados pelas educadoras a fazer frente a demandas sociais de enquadramento a um modelo

---

[23] O texto completo foi publicado no número da revista *Íconos* dedicado à Teoria Queer na América Latina, e Larissa Pelúcio traduziu para o português a versão sintetizada do ensaio, apresentado originalmente no Seminário Internacional Fazendo Gênero de 2010. Agradeço a Giancarlo Cornejo por autorizar sua republicação do ensaio neste livro, como anexo.

hegemônico de família. Ele era visto pelas educadoras como um "menino afeminado", para o que buscaram solução de diversas formas até chegarem a um diálogo com seu pai e, principalmente, com sua mãe. Sinceramente preocupadas com o bem-estar e o acolhimento desse menino "diferente" na escola, professores e psicólogas tentaram compreender sua diferença, mas – baseados nas visões hegemônicas sobre gênero e sexualidade – terminaram por reduzir sua diferença a algo a ser "sanado". O diálogo com a mãe revelou que ela o criara como uma criança inteligente e bem-comportada, mas – curiosamente – essas qualidades o tornaram um problema de gênero na visão dos outros.

Nessa forma rara e sensível de autoetnografia, Cornejo parte de sua experiência escolar para discutir e criticar as concepções dominantes do que é ser homem, mulher, masculino ou feminino. Ao terminar a leitura, percebi como o enfrentamento da "inadaptação" do menino foi feito de forma que se reforçaram os valores e ideais sociais que o marcavam como diferente. Ao invés de problematizar o preconceito e as reações dos colegas ao menino, os profissionais transformaram "a vítima" no problema. No diálogo com a mãe, nota-se como toda a sua dedicação ao filho foi desqualificada, pois ela gerou um "menino afeminado".

Sem perceber, as educadoras permitiram que a escola policiasse tanto o menino quanto a mãe, investigando sua unidade familiar e a classificando como uma aberração. Todas as lutas e as duras vitórias dessa mulher que era o cabeça do casal terminam desqualificadas, e a feminilidade do filho é apresentada como a prova de seu fracasso. O real interesse em ajudar foi gerando sucessivos embaraços e violências simbólicas contra o estudante: a começar pela problematização da feminilidade em um menino, passando pela investigação se o modelo de família era adequado até chegar à culpabilização da mãe, o cabeça do casal, esposa, portanto, de um homem que não atendia completamente às demandas de enquadramento em um ideal de masculinidade que prescreve ser sempre ele o "provedor". Esse episódio nos ajuda a compreender como as diferenças tendem a ser reforçadas pela escola, mas também pode ser pensado como exemplo de como ela se baseia em um ideal familiar poderoso e injusto.

Vou dar um último exemplo para tentar esclarecer esse limite que ainda enfrentamos quando lidamos com o ideal normativo de família como base da sociedade. No final do curso Gênero e Diversidade na Escola da UFSCar, pedimos que as educadoras fizessem um projeto de aplicação do que tinham aprendido no curso em suas escolas. A maioria fez trabalhos sobre como respeitar as diferenças. Vira e mexe surgia um trabalho sobre famílias diversas em que propunham atividades que mostravam que há famílias com dois pais, famílias com duas mães e por aí vai. Mas uma educação não normativa pode ir além disso. Pode questionar se realmente todos se casarão e/ou constituirão famílias. Todos deveriam se casar? E quem não se casa? O casamento é necessário para constituir uma família? E as famílias fora do casamento são menos família? Afinal, o casamento é obrigatório? Viver sozinho é proibido? Alguém sem par deve ser socialmente desqualificado?

A pessoa com quem alguém se casa é realmente a pessoa mais importante da sua vida? Na luta pelo casamento gay, Judith Butler recentemente ousou perguntar: por que a pessoa com quem você tem uma relação amorosa e sexual é justamente aquela da qual você vai exigir um contrato com garantias sobre bens, dinheiro, direitos? Muito frequentemente você tem um amigo, ou uma amiga, que vai te acompanhar para o resto da vida, e não esse companheiro ou companheira. Assim, quais são as relações que o Estado deveria conhecer como legítimas? O casamento, a amizade, qual? Vejam, há questões mais profundas que um olhar queer pode trazer sobre nossa vida em sociedade, como: Os pais precisam se casar para terem filhos? Uma mulher pode decidir não ser mãe?

Em outras palavras, aprender a olhar para o mundo de uma maneira não normalizadora exige mais do que pensar em famílias diversas, em inclusão, em mais do mesmo. É possível questionar a própria pressuposição de que é necessário reproduzir o existente quando podemos começar a transformá-lo. A gente, hoje em dia, pode questionar o que existe, estranhar o que nos propõem. Talvez se aprendermos a encarar nossos fantasmas naquele estudante esquecido ou acuado num canto da sala, feito um corpo estranho, motivo de chacota, piadas, risinhos e, fora da sala, de empurrões, xingamentos e outras violências. Por que ele ou ela está ali neste local do incômodo, do que precisa ser exorcizado pela indiferença ou pela estigmatização, senão porque a sociedade teme algo nele/a? Isso exige exorcizar não esse corpo estranho na sala de aula, mas o medo que constrói a gramática educativa atual, ainda voltada para guardar esqueletos no armário.

O que aconteceria se o estudante que incomoda pudesse falar em suas próprias palavras, ou melhor ainda, se a educadora lhe fornecesse um novo vocabulário para se compreender e uma nova gramática? Nos termos de Gayatri Spivak, o subalterno não pode falar não apenas porque sua voz é inaudível no sistema capitalista, mas também porque ele ou ela não encontram palavras disponíveis para as formas de opressão e desigualdade em que se encontram. Na visão da feminista pós-colonial, o silêncio e a invisibilidade em que se encontram muitas pessoas não será rompido apenas com a melhora de suas condições econômicas, mas apenas quando nós, intelectuais, repensarmos nosso papel quando criamos conhecimento, de modo a não reproduzirmos formas de pensar que relegam boa parte da humanidade ao inarticulado ou "sem importância". Essa proposta crítica de Spivak pode ser expandida para a esfera da educação, agora já compreendida como esse espaço dialógico que vincula reflexões sociológicas como a minha com as experiências inovadoras e provocativas com as quais educadores e educadoras se defrontam no dia a dia.[24]

---

[24] Para se aprofundar nessas questões consulte o famoso texto de Spivak já traduzido para o português como *Pode o subalterno falar?* (2010). Segundo ela, o papel dos intelectuais é o de criticar os fundamentos de uma maneira de conhecer que torna certas experiências sociais invisíveis ou irrelevantes. Em outros termos, ela atenta

É compreensível que educadoras e educadores se vejam diante de uma demanda assustadora. Afinal, por que lhes cabe trazer a experiência desse Outro para o centro da sala? A resposta é tão simples quanto difícil: porque o medo e a vergonha do Outro também têm eco neles. Não é nada fácil lidar com o estigma e a abjeção, pois o que faz do Outro motivo de escárnio coletivo se transfere para quem ousa torná-lo visível, abrir-lhe espaço, deixá-lo falar. Há um vínculo moral com a alteridade do qual não se pode fugir, por piores que sejam as consequências para nós mesmos. Às vezes, salvar alguém se impõe ao nosso próprio direito de autopreservação.[25] Se as sensibilidades mudaram e formas ocultas de violência hoje são visíveis e têm até nome é porque novas responsabilidades se instalam em nossos corações.

A base da pirâmide da respeitabilidade social nos assombra com suas denúncias de maus tratos, a descrição de formas de sofrimento antes silenciadas e, por isso mesmo, longe de nossa capacidade de entendimento. Esses fatos e sensibilidades demandam que uma das áreas historicamente mais usadas pra inculcar normas e fazer valer o controle do Estado sobre a população mude para fazer frente às demandas daqueles que antes eram depreciados, vigiados e punidos e que agora podem ser reconhecidos em suas singularidades.

A demanda queer é a do reconhecimento sem assimilação, é o desejo que resiste às imposições culturais dominantes. A resistência à norma pode ser encarada como um sinal de desvio, de anormalidade, de estranheza, mas também como a própria base com a qual a escola pode trabalhar. Ao invés de punir, vigiar ou controlar aqueles e aquelas que

---

para as violências epistemológicas que marcam a ciência oficial e hegemônica, apontando a necessidade de construir outros saberes, mais afeitos à realidade daquelas e daqueles cujas vidas – e mortes – não são nem mesmo reconhecidas como existentes.

[25] Sobre esse vínculo moral com a alteridade sob ameaça, consultar "Vida precária" (2011), de Judith Butler.

rompem as normas que buscam enquadrá-los, o educador e a educadora podem se inspirar nessas expressões de dissidência para o próprio educar. Em síntese, ao invés de ensinar e reproduzir a experiência da abjeção, o processo de aprendizado pode ser de ressignificação do estranho, do anormal como veículo de mudança social e abertura para o futuro.

Referências

ABRAMOWICZ, Anete; RODRIGUES, Tatiane Cosentino; CRUZ, Ana Cristina Juvenal da. *A diferença e a diversidade na educação Contemporânea*, São Carlos, n. 2, p. 85-100, jul.-dez. 2011.

ADELMAN, Miriam. *A voz e a escuta: encontros e desencontros entre a teoria feminista e a sociologia contemporânea*. Curitiba: Blucher, 2009.

ANDERSON, Benedict. *Comunidades imaginadas*. Trad. Denise Bottmann. São Paulo: Companhia das Letras, 2008.

BENTO, Berenice. Na escola se aprende que a diferença faz diferença. *Estudos Feministas*, Florianópolis, v. 19, n. 2, p. 549-559, maio-ago. 2011

BHABHA, Homi. A outra questão In: BHABHA, Homi. *O local da cultura*. Trad. Myriam Ávila, Eliana Lourenço de Lima Reis e Gláucia Renate Gonçalves. Belo Horizonte: Editora UFMG, 1998. p. 105-128.

BUTLER, Judith. *Problemas de gênero: feminismo e subversão da identidade*. Trad. Renato Aguiar. Rio de Janeiro: Civilização Brasileira, 2003.

BUTLER, Judith. *Undoing Gender*. New York: Routledge, 2004.

BUTLER, Judith. Vida precária. *Contemporânea*, São Carlos, n. 1, p. 13-33, jan.-jun. 2011.

DOUGLAS, Mary. *Purity and Danger: an Analysis of the Concept of Pollution and Taboo*. London: Routledge, 2010.

DUQUE, Tiago. *Montagens e desmontagens*. São Paulo: Annablume, 2011.

FRY, Peter. *Para inglês ver: identidade e política na cultura brasileira*. Rio de Janeiro: Zahar, 1982.

FOUCAULT, Michel. *História da sexualidade 1: a vontade de saber.* São Paulo: Graal, 2005.

FOUCAULT, Michel. *Microfísica do poder.* São Paulo: Graal, 2006.

FOUCAULT, Michel. *Vigiar e punir.* Petrópolis: Vozes, 1996.

GOFFMAN, Erving. *Estigma: notas sobre a manipulação da identidade deteriorada.* Rio de Janeiro: LTC, 1988.

GREGORI, Maria Filomena. *Prazeres perigosos. Erotismo, gênero e limites da sexualidade.* Campinas: UNICAMP, 2010.

GUIMARÃES, Carmen Dora. *O homossexual visto por Entendidos.* Rio de Janeiro: Garamond, 2004.

HALPERIN, David. *One Hundred Years of Homosexuality.* New York: Routledge, 1990.

HOCQUENGHEM, Guy. *El deseo homosexual – Con "Terror anal", de Beatriz Preciado.* España: Melusina, 2009.

KRISTEVA, Julia. *Powers of Horror: an Essay on Abjection.* New York: Columbia University Press, 1982.

LEITE JÚNIOR, Jorge. *Nossos corpos também mudam.* São Paulo: Annablume, 2011.

LOURO, Guacira Lopes. Teoria Queer: uma política pós-identitária para a educação. *Estudos Feministas,* Florianópolis, v. 9, n. 2, 2001.

McINTOSH, Mary. The Homosexual Role In: SEIDMAN, Steven (Ed.). *Queer Theory/Sociology.* Oxford: Blackwell, 1996. p. 33-40.

MATTELART, Armand; NEVEU, Érik. *Introdução aos Estudos Culturais.* São Paulo: Parábola Editorial, 2004.

MISSE, Michel. *O estigma do passivo sexual: um símbolo de estigma no discurso cotidiano.* Rio de Janeiro: Booklink, 2005.

MISKOLCI, Richard. A Teoria Queer e a Sociologia: o desafio de uma analítica da normalização. *Sociologias,* Porto Alegre, v. 1, n. 21, p. 150-182, jan.-jun. 2009.

MISKOLCI, Richard. Feminismo y Derechos Humanos In: ESTEVES, Ariadna; VAZQUES, Daniel (Orgs.). *Los Derechos Humanos en las Ciencias Sociales: una perspectiva multidisciplinaria.* Ciudad de México: FLACSO México; CISAN, 2010. p. 167-190.

MISKOLCI, Richard (Org.). *Marcas da diferença no ensino escolar.* São Carlos: EdUFSCar, 2010.

MISKOLCI, Richard. Não ao sexo rei. In: SOUZA, Luis Antonio Francisco; SABATINE, Thiago Teixeira; MAGALHÃES, Bóris Ribeiro de (Orgs.). *Michel Foucault: sexualidade, corpo e direito.* Marília: Cultura Acadêmica, 2010. p. 47-68.

MISKOLCI, Richard. Não somos, queremos. In: COLLING, Leandro. *Stonewall 40 + o que no Brasil?* Salvador: EDUFBA, 2011. p. 37-56.

MISKOLCI, Richard. *O desejo da nação: masculinidade e branquitude no Brasil de fins do XIX.* São Paulo: Annablume/ FAPESP, 2012.

MISKOLCI, Richard. Os saberes subalternos e os Direitos Humanos. In: REIS, Rossana Rocha (Org.). *Política de Direitos Humanos.* São Paulo: HUCITEC, 2010. p. 53-75.

MISKOLCI, Richard. Um saber insurgente ao Sul do Equador In: *Periódicus*, Salvador, v. 1, n. 1, 2014. Disponível em: <http://portalseer.ufba.br/index.php/revistaperiodicus/article/view/10148 >.

MISKOLCI, Richard; PELÚCIO, Larissa. A prevenção do desvio: o dispositivo da aids e a repatologização das sexualidades dissidentes. *Sexualidad, Salud y Sociedad: Revista Latinoamericana*, Rio de Janeiro, n. 1, p. 104-124, 2009.

MISKOLCI, Richard & CAMPANA, Maximiliano. "'Ideologia de Gênero': notas para a genealogia de um pânico sexual contemporâneo" In: *Revista Sociedade e Estado*. Brasília: Departamento e Programa de Pós-Graduação em Sociologia, v. 32, n. 3, set./out. 2017, p. 723-746

PELÚCIO, Larissa. *Abjeção e desejo: uma etnografia travesti sobre o modelo preventivo de aids.* São Paulo: Annablume; FAPESP, 2009.

PERLONGHER, Néstor. *O que é aids?* São Paulo: Brasiliense, 1987.

PERLONGHER, Néstor. *O negócio do michê: a prostituição viril em São Paulo.* São Paulo: Editora Fundação Perseu Abramo, 2008.

PRECIADO, Beatriz. *Basura y género.* Disponível em: <http:// www.hartza.com/basura.htm>. Acesso em: 7 mar. 2012.

RAGO, Margareth. *Os prazeres da noite.* São Paulo: Paz e Terra, 2008.

RAUP-RIOS, Roger; OLIVEIRA, Rosa. Direitos sexuais e heterossexismo. In: MISKOLCI, Richard; PELÚCIO, Larissa (Org.). *Discursos fora da ordem: sexualidades, saberes e direitos.* São Paulo: Annablume; FAPESP, 2012. No prelo.

RICH, Adrienne. Compulsory Heterosexuality and Lesbian Experience. *Signs*. Women: Sex and Sexuality, v. 5, n. 4, p. 631-660, Summer 1980.

RUBIN, Gayle. Thinking Sex: Notes for a Radical Theory of the Politics of Sexuality. In: ABELOVE, Henry; BARALY, Michèle Aina; HALPERIN, David (Eds.). *The Lesbian and Gay Studies Reader*. New York; London: Routledge, 1993. p. 3-44.

SCOTT, Joan. A invisibilidade da experiência. *Projeto História*, São Paulo, n. 16, p. 297-325, fev. 1998.

SEDGWICK, Eve Kosofsky. *Between Men: English Literature and Male Homosocial Desire*. New York: Columbia University Press, 1985.

SEDGWICK, Eve. A epistemologia do armário. *cadernos pagu*, Campinas, n. 28, p. 19-54, jan.-jun. 2007.

SILVA, José Fábio Barbosa da. Aspectos sociológicos do homossexualismo em São Paulo. *Sociologia*, São Paulo, n. 4, p. 350-360, 1959.

SPIVAK, Gayatri. *Pode o subalterno falar?* Belo Horizonte: Editora UFMG, 2010.

WARNER, Michael (Ed.). *Fear of a Queer Planet: Queer Politics and Social Theory*. Minneapolis; London: University of Minnesota Press, 1993.

WARNER, Michael. *The Trouble With the Normal: Sex, Politics, and the Ethics of Queer Life*. Cambridge: Harvard University Press, 2000.

Anexo

A guerra declarada contra o menino afeminado[26]

Giancarlo Cornejo[27]

Na escola havia uma psicóloga que me torturava. Ela aplicava exames que eu não entendia (e ainda não entendo o sentido): desenhávamos pessoas; a nossa família; fazíamos listas de nossos defeitos e virtudes. Ela sempre se queixava com meus pais. Lembro-me que uma vez, quando ela chamou a mim e aos meus pais, vi claramente meu nome em seu caderno de anotações, e no verso dele um X em uma opção que dizia: "problemas de identidade sexual". Eu não estava presente quando ela conversou com meus pais, mas o que ela disse a eles, e o que eu mais ou menos já intuía, os chateou muito.

Parte dessa minha narrativa escrevi inspirado pelo belo ensaio de Eve Sedgwick "How to Bring your Kids up Gay" (2007). Nesse ensaio, Sedgwick propõe que a figura do menino afeminado concentra com particular virulência a patologização da homossexualidade. De fato, a psicóloga que mencionei declarou que eu tinha um transtorno de identidade de gênero. Esse tipo de teorias de gênero foram propostas inicialmente por psicólogos como Richard C. Friedman, para quem "o homossexual saudável é aquele que já é um adulto e age masculinamente" (SEDGWICK, 1993, p. 156). Sedgwick, além disso, lembra que:

> O movimento gay nunca foi a fundo para atender aos assuntos relativos aos meninos afeminados. Há uma razão

---
[26] Tradução de Larissa Pelúcio.
[27] Sociólogo peruano, atualmente doutorando em Retórica na Unversidade da Califórnia, Berkeley.

desonrosa para essa posição marginal ou estigmatizada à qual, inclusive, os homens gays adultos que são afeminados têm sido relegados no movimento social. Uma razão mais compreensível que a "afeminofobia" é a necessidade conceitual do movimento gay de interromper uma longa tradição de ver o gênero e a sexualidade como categorias contínuas e coladas – uma tradição de assumir que qualquer pessoa, homem ou mulher, que deseja um homem deve por definição ser feminina, e que qualquer pessoa, homem ou mulher, que deseje uma mulher deve, pela mesma razão, ser masculina. Que uma mulher, como uma mulher, possa desejar outra; que um homem, como um homem, possa desejar outro: a necessidade indispensável de fazer essas poderosas e subversivas afirmações pareceu, talvez, requerer que se diminuísse a ênfase relativa dos vínculos entre os gays adultos e aqueles meninos em desacordo com o gênero (normativo)... Existe o perigo, no entanto, que esse avanço possa deixar o menino afeminado mais uma vez na posição do abjeto inquietante – dessa vez o abjeto inquietante do próprio pensamento gay... o eclipse do menino afeminado no discurso gay adulto representaria mais que um vazio teórico prejudicial; representaria um nó de ódio homofóbico, ginecofóbico e pedofóbico internalizado e aniquilante e um elemento central para a uma análise gay afirmativa. O menino afeminado viria a funcionar como o segredo das vozes desautorizadoras de muitos homens gays adultos politizados" (p. 157-158).

O menino afeminado é um segredo nas vozes e pensamento gay, e isso, pelos motivos apontados por Sedgwick, talvez se deva a um terror à indeterminação de gênero. Finalmente, dissociar a homossexualidade da (menos respeitável) transgeneridade provavelmente tem sido uma das formas pela qual a homossexualidade tem aparecido como menos ameaçadora, e foi certamente, uma das formas pelas quais ela foi retirada da lista de patologias do *Manual Diagnóstico e Estatístico dos Transtornos Mentais* (DSM-III). Basta recordar que o DSM-IV, publicado em 1980, foi o primeiro a incluir uma nova entrada: "o transtorno de identidade de gênero na infância". Não obstante, ou talvez por isso mesmo, minha intenção seja resgatar essas conexões e vínculos entre a transgeneridade e a homossexualidade. Vale ressaltar que esses limites ou fronteiras tem sido amplamente problematizados no caso das lésbicas masculinizadas (*butch*) e de transgêneros masculinos, como os trabalhos de Judith Halberstam (1998 e 2005) mostram. No entanto, no caso das feminilidades masculinas estas não parecem ser disputadas por gays (BRYANT 2008, VALENTINE 2007). No que escrevo a seguir só poderei dar pistas de como a patologização da figura do menino afeminado cria um *tropo*[28] discursivo que torna impossível desassociar a transgeneridade da homossexualidade (masculina).

Quase todos os meus professores me adoravam, mas me lembro que os que lecionavam Educação Física eram particularmente hostis a mim. Um desses professores falou com meu pai, porque estava preocupado comigo, e disse a ele que eu era muito afeminado, e que todos meus colegas zombavam de mim. Meu pai, ao chegar em casa, me repreendeu, e não hesitou em me culpar pela hostilização sistemática pela qual eu passava no colégio. Quando este professor chamou meu pai para falar sobre o meu afeminamento, tornou-se inevitável e óbvia a patologização do meu corpo, como das minhas performances de gênero. O que não era tão óbvio é que, naquele momento, este jovem e atlético professor estava reconhecendo a sua própria impotência para modificar meu afeminamento, sua impotência para me fazer o homem que se supunha que eu deveria ser, e sua impotência para marcar claramente os limites entre ele e eu. Lembro-me de que este não era um professor particularmente hostil a mim. De fato, sempre me convidava para jogar futebol, ou para correr com ele e seu grupo, para fazer longas caminhadas, para fazer abdominais. Na verdade, era bem atencioso comigo. No

---

[28] Tropo é uma figura de linguagem em que ocorre uma mudança de significado, seja interna (no nível do pensamento) ou externa (no nível da palavra).

entanto, eu recusava todos aqueles convites, não me deixava impressionar por todos os seus esforços, e certamente não lhe dava muita atenção.

Como Sedgwick afirma, e meu pai nunca pode sequer considerar: "Para um menino afeminado *protogay*, identificar-se com o 'masculino' pode implicar seu próprio apagamento" (SEDGWICK, 1993, p. 161). O que a cultura me demandava era que me desvanecesse.

Halberstam cita uma potente pergunta retirada da obra de Gertrude Stein intitulada *Autobiografia de todo o mundo* (de 1937): "De que te serve ser um menino se vais crescer para ser um homem?" (HALBERSTAM, 2008, p. 23). De que me servia ser um menino se minha infância era pensada como uma transição a um espaço e a um nome que me parecia inabitáveis? Por que esse menino não podia ter outros futuros?

Por muitos meses sentia demasiada angústia, tinha insônia, me doía a cabeça e o corpo, chorava antes de dormir, me encontrava querendo dizer coisas que não sabia o que eram exatamente, mas que tinha de dizer. Era Natal de 1996, tinha onze anos, e estava só com minha mãe e meu irmão menor. E comecei a chorar, a chorar, a chorar com gemidos muito fortes. Então disse para minha mãe que tinha algo para dizer a ela, e o que balbuciei foi: "Mãe, acho que eu tenho atração por homens". Minha mãe também começou a chorar, porque ela entendeu o que eu quis dizer. Logo, ela nos levou ao cinema para ver uma estúpida comédia de Arnold Schwarzenegger, um suposto símbolo de masculinidade heterossexual branca. Mas será que por acaso minha mãe suspeitava que ele também podia ser um ícone homoerótico?

Se esse menino (que eu fui) viveu meses e anos de dor, angustia, pânico (homossexual), foi porque a díade segredo/revelação é constitutiva do que chamamos hoje de homossexualidade (SEDGWICK, 1998). Esse segredo em questão me ameaçava com meu próprio apagamento, mas não apenas da materialidade que eu havia sido, como também com um apagamento que aniquilava qualquer possibilidade de futuro. Esse apagamento fazia com que o amor (de qualquer tipo) fosse impossível para mim.

Não posso negar que compartilhar o segredo me causou algum tipo de alívio. Provavelmente, se não o houvesse feito naquele momento teria integrado a lista de adolescentes gays que se suicidam. Mas, em que consistia o alívio? Esse cenário não questiona (necessariamente) a privatização da homossexualidade nem sua paródica espetacularização como segredo. Estou mais inclinado a pensar, seguindo Mario Pecheny (2005), que cita o trabalho de Andras Zempleni, que não é a revelação de uma verdade interna o que mais alivia, mas, ao compartilhar um segredo (e talvez esse em particular), compartilha-se também a angústia e a dor que encarna a demanda de ocultá-lo/exibi-lo.

Essa pode ser vista como a cena em que saio do armário, mas me recuso a chamá-la e pensá-la assim. Nenhum armário foi destruído, nem os monstros que o habitavam foram domados e aniquilados. O pedido ou súplica que fiz à minha mãe não foi que me ajudasse a sair do armário, mas que o fizesse mais habitável para mim. Eu não saí do armário. Na verdade, ela entrou nele.

Neste ponto se faz mais que necessária a seguinte pergunta: Por que uma guerra é declarada contra uma criança? Há uma potente citação de Sedgwick que pode nos dar algumas pistas nesse sentido:

> A capacidade do corpo de um menino de representar, entre outras coisas, os medos, fúrias, apetites, e perdas das pessoas ao redor [...] é aterrorizante, quem sabe, em primeiro lugar para elas, mas com um terror que o menino já aprendeu com grande facilidade e, de todos modos, com muita ajuda (SEDGWICK, 1993 p. 199).

Toda essa dor, toda a angústia que senti nessa época da minha vida, podem também ser pensadas como melancolia. E aqui gostaria de fazer uma contribuição à teoria da melancolia de gênero de Butler (2001). Uma diferença entre a melancolia heterossexual e a homossexual é que, como eu na minha infância, e a maioria de sujeitos não heterossexuais que conheço, temos chorado (ou choramos) por não sermos heterossexuais. Alguém poderia argumentar que não é que choremos ou tenhamos chorado por não sermos heterossexuais (e por não podermos amar e desejar sexualmente mulheres no caso de "sermos" homens), mas que choramos por não termos os privilégios que a heterossexualidade implica. Mas estas duas posições são (tão) diferentes uma da outra?

Aqueles "tratamentos psicológicos" procuravam, supostamente, fazer com que minha homossexualidade fosse impronunciável, mas faziam, na verdade, com que ela proliferasse e que tudo tivesse a ver com ela. Como Butler (2004) argumenta, a homossexualidade em certos contextos pode constituir-se como uma palavra contagiosa.

De fato, em nenhuma parte deste ensaio seria mais pertinente fazer referência à seguinte (e muito citada) passagem de Michel Foucault:

> A sodomia [...] era um tipo de ato interdito e o autor não era mais que seu sujeito jurídico. O homossexual do século XIX torna-se um personagem: um passado, uma história e uma infância, um caráter, uma forma de vida; assim mesmo uma morfologia, com uma anatomia indiscreta e, quem sabe, uma misteriosa fisiologia. Nada daquilo que ele é escapa a sua sexualidade. Ela está presente em todo seu ser: subjacente em todas suas condutas, posto que constitui seu principio insidioso e indefinidamente ativo; inscrita sem pudor em seu rosto e seu corpo porque consiste em um segredo que sempre se trai [...] A homossexualidade apareceu como uma das figuras da sexualidade quando foi rebaixada da prática da sodomia a uma sorte de androginia interior, de hermafroditismo da alma. O sodomita era um reincidente, o homossexual é, agora, uma espécie (FOUCAULT, 2007, p. 56-57).

As inumeráveis psicólogas às quais fui levado por meus pais esperavam de mim uma confissão, a confissão de minha verdade interior, uma verdade que era eminentemente sexual. Mas essa "verdade interna" não era tão minha. Nos termos de Foucault: "aquele que escuta não será só o dono do perdão, o juiz que condena ou absolve; será o dono da verdade" (FOUCAULT, 2007, p. 84). Essa era a "verdade" de uma cultura heteronormativa, não a minha. E como Halperin (2000) argumenta, a homofobia é uma pretensão de conhecimento. Isso faria visível que a homofobia tem um fundamento essencialmente prazeroso também, um prazer novo da modernidade sobre o qual Foucault comenta:

> Frequentemente se diz que temos sido capazes de imaginar prazeres novos. Ao menos inventamos um prazer diferente: o prazer na verdade do prazer, prazer em sabê-la, em expô-la, em descobri-la, em nos fascinar ao vê-la, ao dizê-la, ao cativar e capturar os outros com ela, ao confiná-la secretamente, ao desmascará-la com astúcia; prazer específico no discurso verdadeiro sobre o prazer (FOUCAULT, 2007, p. 89).

Não fui o único patologizado por esses professores, psicólogas e psiquiatras; o foram também meus pais, especialmente minha mãe. Figuras como as do "pai ausente" ou "mãe super protetora" não tardaram a aparecer como explicações de (pois teria que ser explicado) meu afeminamento. Esther Newton cita a obra de Robert Stoller, para quem a figura do menino afeminado é produto da grande proximidade e presença da mãe e pouca do pai. Assim, "a verdadeira vilã é a mãe que se 'gratifica' muito com seu filho" (NEWTON, 2000, p. 191). De fato, quem me acompanhava às sessões com diferentes psicólogas era minha mãe. A ela se dirigiam, e sobre ela recaíam as atribuições de culpa e responsabilidade. E de que a culpavam realmente? Talvez por atribuírem a ela aquele que é considerado o pior dos crimes: matar seu próprio filho. Nas palavras de Edelman, "[Se] representa a homossexualidade masculina através da figura de uma mãe que mata seu filho, e quem portanto, participa na destruição da continuidade familiar (patriarcal)" (EDELMAN, 1994, p. 167).

Como a homossexualidade de uma criança se transfigura em seu assassinato? Creio que Stockton acerta ao postular que "a frase 'menino gay' é uma lápide para marcar o lugar e o momento em que a vida heterossexual de alguém morre" (STOCKTON, 2009, p. 7). Em outras palavras, o berço de um menino mariquinha é a lápide de um menino heterossexual.

A categoria "mulher" é reiterada uma e outra vez nestas intervenções disciplinares sobre meu corpo de uma maneira heteronormativa e misógina, que já Guy Hocquenghem sublinhou: "A 'mulher', que por outro lado não tem como tal nenhum lugar na sociedade, designada como o único objeto sexual social, é também a falta atribuída à relação homossexual" (HOCQUENGHEM, 2009, p. 54).

Minha mãe era, assim, patologizada por seu generoso afeto, que por esses "profissionais da saúde" será chamado superproteção e excessiva arrogância, e que geraria (em mim) um quadro de neuroses que estaria associado a um ódio em relação às mulheres, que seria no fundo uma projeção de um ódio fecundo em relação a minha mãe. Minha mãe seria essencialmente patologizada também por um outro excesso: por um excesso de masculinidade, que se expressava em sua relativa independência, em sua voz, em suas atitudes (ou na ausência delas), e em ser a principal provedora econômica da minha casa. Não era só meu gênero aquele a ser disciplinado, o dela também o era.

Na sua míope vontade de saber, o que nenhuma dessas psicólogas pôde nem por um segundo considerar, e que Sedgwick sabia, e no que eu quero acreditar, é que "estas misteriosas habilidades para [que um menino afeminado possa] sobreviver, de filiação e de resistência podem derivar de uma firme identificação com a abundância de recursos de uma mãe" (SEDGWICK, 1993, p. 160).

Referências

BRYANT, Karl. In Defense of Gay Children? 'Progay' Homophobia and the Production of Homonormativity. *Sexualities*, v. 11, n. 4, p. 455-475, 2008.

BUTLER, Judith. *Lenguaje, poder e identidad*. Madrid: Síntesis, 2004.

BUTLER, Judith. *Mecanismos psíquicos del poder – Teorías sobre la sujeción*. Madrid: Ediciones Cátedra, 2001.

EDELMAN, Lee. *Homographesis: Essays in Gay Literary and Cultural Theory*. New York; London: Routledge, 1994.

FOUCAULT, Michel. *Historia de la sexualidad 1: la voluntad de saber*. México, DF: Siglo Veintiuno, 2007.

HALBERSTAM, Judith. *Female Masculinity*. Durham; London: Duke University Press, 1998.

HALBERSTAM, Judith. *In a Queer Time and Place – Transgender Bodies, Subcultural Lives*. New York; London: New York University Press, 2005.

HALBERSTAM, Judith. *Masculinidad femenina*. Barcelona; Madrid: Egales, 2008.

HALPERIN, David. *San Foucault: para una hagiografía gay*. Córdoba: Ediciones Literales, 2000.

HALPERIN, David. *How to Do the History of Homosexuality*. Chicago; London: The University of Chicago Press, 2004.

HOCQUENGHEM, Guy. El deseo homosexual. In: HOCQUENGHEM, Guy. *El deseo homosexual – Con "Terror anal", de Beatriz Preciado*. España: Melusina, 2009. p. 21-131.

NEWTON, Esther. *Margaret Mead Made me Gay: Personal Essays, Public Ideas*. Durham; London: Duke University Press, 2000.

PECHENY, Mario. Identidades discretas. In: ARFUCH, Leonor (Comp.). *Identidades, sujetos y subjetividades*. Buenos Aires: Prometeo Libros, 2005. p. 131-153.

SEDGWICK, Eve. *Epistemología del armario*. Barcelona: Ediciones de la Tempestad, 1998.

SEDGWICK, Eve. How to Bring Your Kids up Gay. In: WARNER, Michael (Ed.). *Fear of a Queer Planet: Queer Politics and Social Theory*. Minneapolis; London: University of Minnesota Press, 2007. p. 69-81.

SEDGWICK, Eve. *Tendencies*. Durham: Duke University Press, 1993.

STOCKTON, Kathryn Bond. *The Queer Child, or Growing Sideways in the Twentieth Century*. Durham; London: Duke University Press, 2009.

VALENTINE, David. *Imagining Transgender: An Ethnography of a Category*. Durham; London: Duke University Press, 2007.

Este livro foi composto com tipografia Minion Pro
e impresso em papel Off-Set 75g/m² na Formato Artes Gráficas.